MARDI 3 HEURES

LA JUSTICE

Journal politique quotidien

10 CENTIMES

BUREAUX DE VENTE : 9, RUE D'ABOUKIR

Paris. — Imprimerie de DUBUISSON et Cie, 5, rue Coq-Héron.— 807

Pour paraître Mardi 16 Mai 1871

LA

ROUGE

JOURNAL DES JEUNES

PRIX : UN SOU

1163 Paris. —Association générale typographique, rue du Faubourg-Saint-Denis, 10.

— 182 —

RÉPUBLIQUE FRANÇAISE
LIBERTÉ, ÉGALITÉ, FRATERNITÉ

COMMUNE DE PARIS

8ᵉ ARRONDISSEMENT

Le Comité de Vigilance du 8ᵉ Arrondissement, en vertu des pouvoirs qui lui ont été conférés par le Comité de Salut Public,

ARRÊTE :

Les Propriétaires ou Gérants et les Concierges sont requis d'avoir, dans les quarante-huit heures, à rapporter au Bureau d'armement de l'arrondissement, rue d'Anjou-Saint-Honoré, 11, les armes des Citoyens de la Garde nationale qui se sont soustraits par la fuite à l'accomplissement de leur devoir.

En n'exécutant pas cet Arrêté ils s'exposeraient à être poursuivis.

Le chef de Légion et le Bureau militaire sont chargés de l'exécution du présent Arrêté.

Paris, le 11 Mai 1871.

Pour le Comité de Vigilance et par délégation :

BOURLET, G. PIQUET, SCHMIDT.

VU ET APPROUVÉ :

Les Membres de la Commune,

Raoul RIGAULT, E. VAILLANT.

Tous renseignements seront donnés au Bureau de l'État-Major de la Légion et au Bureau militaire.

PARIS. IMPRIMERIE PAUL DUPONT.

RÉPUBLIQUE FRANÇAISE
Nº 302   LIBERTÉ — ÉGALITÉ — FRATERNITÉ   Nº 302

COMMUNE DE PARIS

AVIS

La délégation au télégraphe a l'honneur d'informer le public qu'à partir de ce jour et jusqu'à nouvel avis, elle ne prendra plus en considération les demandes d'emplois qui lui seront adressées, obligée qu'elle est d'éliminer une grande partie d'un personnel beaucoup trop nombreux et par conséquent inutile.

Paris, le 11 mai 1871.

Les Délégués de la télégraphie,
EDMOND BIZOT, MALLET. M. PROST.

IMPRIMERIE NATIONALE. — Mai 1871.

RÉPUBLIQUE FRANÇAISE

LIBERTÉ — ÉGALITÉ — FRATERNITÉ

COMMUNE DE PARIS

IVᴱ ARRONDISSEMENT
MAIRIE DE L'HOTEL-DE-VILLE

CITOYENS,

Nous recevons la lettre suivante du commandant du 22ᵉ bataillon, bataillon qui se rendait au feu pour la première fois, et dont la conduite résolue mérite tous nos éloges.

A la lecture de ces horreurs, un seul cri s'échappera de vos poitrines comme des nôtres : — *VENGEANCE!*

Les Membres de la Commune, élus dans le IVᵉ arrondissement,
AMOUROUX, Arthur ARNOULD, A. CLÉMENCE, E. GÉRARDIN, G. LEFRANÇAIS.

Paris, 11 mai 1871.

AUX CITOYENS MEMBRES DE LA COMMUNE

Un acte d'abominable férocité vient encore s'ajouter au bilan des bandes versaillaises et démasquer, une fois de plus, les prétendus défenseurs de l'ordre.

Aujourd'hui jeudi, 11 mai, à quatre heures du matin, le 22ᵉ bataillon, égaré par un garde, plus brave qu'expérimenté, est tombé en plein dans les postes versaillais.

Accueilli par des feux de peloton très nourris et pris entre deux murs et une barricade, on dut laisser huit blessés sur le terrain.

Les blessés ont été tous fusillés par les soldats du 64ᵉ de ligne, sauf un seul qui a eu le sang-froid nécessaire pour ne pas donner signe de vie.

Mais ce qui ajoute à l'horreur de cette boucherie, c'est qu'une jeune femme, infirmière au bataillon, a été assassinée par ces misérables, tandis qu'elle donnait des soins à un blessé.

Sa jeunesse, son dévouement, non plus que la croix de Genève qu'elle portait sur la poitrine, n'ont pu trouver grâce devant ces bandits.

Ces faits sont attestés par tous les officiers de mon bataillon.

Le Commandant du 22ᵉ bataillon,
NORO.

DENIS, *capitaine.* — HEYDECKER, *capitaine.*

MICHAUX, VERGNE, KELLER, CANARD, RAUX.
DUPUIS (Félix).

Abel VALABRÈGUE, *chirurgien aide-major.*

14 9 — Paris. — Association générale typographique, rue du Faubourg-Saint-Denis, 19.

RÉPUBLIQUE FRANÇAISE

LIBERTÉ — ÉGALITÉ — FRATERNITÉ

N° 304   N° 314

COMMUNE DE PARIS

MINISTÈRE DE LA GUERRE

ORDRE

Un ordre du 2 mai, signé AVRIAL, dit :

« Les poudres et munitions ne doivent être délivrées que sur les signatures suivantes :

« AVRIAL, chef du matériel ; ROSSEL, délégué à la Guerre ; général LA CÉCILIA, colonel HENRI, commandants SÉGUIN et LARUE. »

Les signatures du général ROSSEL et du commandant SÉGUIN cessent, à partir du présent jour, d'être valables pour la livraison des munitions ; mais les signatures des citoyens MASSON, chef d'état-major, et LEFEBVRE-RONCIER, sous-chef d'état-major, doivent être ajoutées aux signatures valables, pour la livraison des munitions, y compris, bien entendu, celle du citoyen DELESCLUZE, actuellement chargé de la Guerre.

Paris, le 11 mai 1871.

Le Délégué civil à la Guerre,

DELESCLUZE.

RÉPUBLIQUE FRANÇAISE

LIBERTÉ — ÉGALITÉ — FRATERNITÉ

N° 303   N° 303

COMMUNE DE PARIS

DIRECTION
DE L'ENREGISTREMENT ET DU TIMBRE

AVIS-ORDRE

Le Directeur de l'Enregistrement et du Timbre est informé que les débitants de tabac commissionnés par l'Administration pour la débite des papiers timbrés, se soustraient à cette obligation, sous prétexte qu'ils ne sont plus approvisionnés.

Le Directeur les invite à reprendre le débit des papiers de toute nature, et à renouveler ou compléter, sans retard, leurs approvisionnements, s'il y a lieu, aux bureaux de la Direction, rue de la Banque, n° 13, ou dans les bureaux d'huissiers respectifs.

Faute par eux de se conformer au présent avis, dans le délai de 48 heures, les gérants seront immédiatement remplacés, et les titulaires eux-mêmes exposés à se voir retirer leur bureau de tabac, sans préjudice, d'ailleurs, des peines pécuniaires et correctionnelles auxquelles les uns et les autres pourront être condamnés.

Un employé supérieur de l'Administration sera spécialement commis à l'exécution du présent ordre.

Paris, le 11 mai 1871.

Le Directeur de l'Enregistrement et du Timbre,

J. OLIVIER.

IMPRIMERIE NATIONALE. — Mai 1871.

RÉPUBLIQUE FRANÇAISE

LIBERTÉ — ÉGALITÉ — FRATERNITÉ

COMMUNE DE PARIS

COMITÉ DE SALUT PUBLIC

AU PEUPLE DE PARIS

CITOYENS,

La Commune et la République viennent d'échapper à un péril mortel.

La trahison s'était glissée dans nos rangs.

Désespérant de vaincre Paris par les armes, la réaction avait tenté de désorganiser ses forces par la corruption. Son or, jeté à pleines mains, avait trouvé jusque parmi nous des consciences à acheter.

L'abandon du fort d'Issy, annoncé dans une affiche impie par le misérable qui l'a livré, n'était que le premier acte du drame : une insurrection monarchique à l'intérieur, coïncidant avec la livraison d'une de nos portes, devait le suivre et nous plonger au fond de l'abîme.

Mais, cette fois encore, la victoire reste au droit.

Tous les fils de la trame ténébreuse dans laquelle la Révolution devait se trouver prise sont, à l'heure présente, entre nos mains.

La plupart des coupables sont arrêtés. Si leur crime est effroyable, leur châtiment sera exemplaire. La Cour martiale siège en permanence ; justice sera faite.

CITOYENS,

La Révolution ne peut pas être vaincue. Elle ne le sera pas.

Mais s'il faut montrer au monarchisme que la Commune est prête à tout, plutôt que de voir le drapeau rouge brisé entre ses mains, il faut que le Peuple sache bien aussi que de lui, de lui seul et de sa vigilance, de son énergie, de son union, dépend le succès définitif.

Ce que la réaction n'a pu faire hier, demain elle va le tenter encore.

Que tous les yeux soient ouverts sur ses agissements ; que tous les bras soient prêts à frapper impitoyablement les traîtres ; que toutes les forces vives de la Révolution se groupent pour l'effort suprême, et alors, alors seulement, le triomphe est assuré !

A l'Hôtel-de-Ville, 12 mai 1871.

Le Comité de Salut public,
ANT. ARNAUD, EUDES, GAMBON, G. RANVIER.

2 IMPRIMERIE NATIONALE. — Mai 1871.

RÉPUBLIQUE FRANÇAISE
LIBERTÉ — ÉGALITÉ — FRATERNITÉ

No 306

COMMUNE DE PARIS

DÉLÉGATION

A

L'ENSEIGNEMENT

L'École de dessin de la rue Dupuytren sera immédiatement rouverte comme :

ÉCOLE PROFESSIONNELLE D'ART INDUSTRIEL
POUR JEUNES FILLES

On y enseignera le dessin, le modelage, la sculpture sur bois, sur ivoire, et, en général, les applications de l'art du dessin à l'industrie.

Des cours destinés à compléter l'instruction scientifique et littéraire des élèves seront tenus concurremment avec ces cours pratiques.

Les élèves désireuses de suivre les cours de cette École devront s'y faire inscrire le plus tôt possible.

Paris, le 12 mai 1871.

Le Membre de la Commune délégué à l'Enseignement,
ED. VAILLANT.

9 IMPRIMERIE NATIONALE. — Mai 1871.

RÉPUBLIQUE FRANÇAISE
LIBERTÉ — ÉGALITÉ — FRATERNITÉ

N° 397

COMMUNE DE PARIS

RELATIONS EXTÉRIEURES

La *Société internationale de secours aux blessés* ayant protesté auprès du gouvernement de Versailles contre les atroces violations de la convention de Genève, dont les troupes se rendent journellement coupables, Thiers a fait cette réponse affreuse :

« La Commune n'ayant pas adhéré à la convention de Genève, le gouvernement de Versailles n'a pas à l'observer. »

La Commune a fait mieux jusqu'ici que d'adhérer à la convention de Genève.

Elle a scrupuleusement respecté toutes les lois de l'humanité en présence des actes les plus sauvages, des plus sanglants défis à la civilisation et au droit moderne, de nos blessés achevés sur le champ de bataille, de nos hôpitaux bombardés, de nos ambulances criblées de balles, de nos médecins et de nos infirmières même égorgés dans l'exercice de leur ministère.

Mais pour qu'il ne reste même pas l'ombre d'un prétexte aux assassins de Versailles, la Commune déclare officiellement qu'elle adhère à la convention de Genève, dont elle s'honore de n'avoir en aucune circonstance violé un seul article.

Paris, le 13 mai 1871.

Le Délégué aux Relations extérieures,
PASCHAL GROUSSET.

IMPRIMERIE NATIONALE. — Mai 1871.

RÉPUBLIQUE FRANÇAISE

LIBERTÉ — ÉGALITÉ — FRATERNITÉ

N° 308   N° 308

COMMUNE DE PARIS

ORDRE DU JOUR

Le citoyen Delescluze, Délégué civil à la Guerre, aux citoyens membres de la Commune :

CITOYENS,

Je viens vous demander la mise à l'ordre du jour, par affiche, du 128e bataillon de la Garde nationale, qui, cette nuit, sous la conduite du général Dombrowski, a nettoyé le parc de Sablonville des Versaillais qui l'occupaient, et l'a fait avec un merveilleux entrain.

Je me propose d'offrir des revolvers d'honneur à quelques-uns des officiers et soldats qui se sont principalement distingués. Mais une déclaration de la Commune aura un bien autre effet sur les esprits.

Le Délégué civil à la Guerre.
DELESCLUZE.

La Commune, à l'unanimité,

DÉCRÈTE :

Le 128e bataillon a bien mérité de la République et de la Commune.

Paris, le 12 mai 1871.

2 IMPRIMERIE NATIONALE. — Mai 1871.

RÉPUBLIQUE FRANÇAISE

LIBERTÉ — ÉGALITÉ — FRATERNITÉ

N° 309   N° 309

COMMUNE DE PARIS

MINISTÈRE DE LA GUERRE

SERVICE MÉDICAL

ORDRE

Toutes demandes, réclamations et rapports, concernant le service médical et les ambulances, doivent être adressés rue Saint-Dominique, 86, au docteur Sénérie, directeur général du service médical et des ambulances civiles et militaires.

Paris, le 12 mai 1871.

Pour le Directeur :
Le Chef de cabinet.
BOINVILLE.

2 IMPRIMERIE NATIONALE. — Mai 1871.

PROPOSITION
d'un Propriétaire

132, CHAUSSÉE DU MAINE, A MONTROUGE

Depuis 6 mois de tous côtés, dans tous les journaux, on a émis des idées sans proposer de solution pour remédier à la triste position des locataires, c'est que toutes ces idées émanaient de propriétaires qui redoutant l'application du véritable et indispensable remède cherchaient par de faux calmants à en détourner l'attention, hors l'on crie bien fort respect à la propriété, si la propriété n'avait rien à redouter ou à se reprocher, elle ne se tourmenterait en rien, il faut que tout un chacun dans la force de ses moyens paie sa dette à la Patrie.

Veut-on empêcher l'envahissement de cet océan de faillite qui va surgir à la suite de tous nos désastres; protégez le commerce, qui depuis 8 mois a souffert toutes les privations et a loyalement protégé la ville et la propriété, voulez-vous que l'industrie se relève, que les ateliers se rouvrent et que les chefs de fabriques par de nouveaux et cruels sacrifices reprennent malgré le manque d'ouvrage les ouvriers qui sont à votre charge et dont la portion honnête ne demande qu'à retourner au travail même avec de douces conditions, faites alors quelque chose pour l'industrie et ne vous abritez pas derrière cet absurde préjugé d'un temps qui n'est plus de nos jours, si vous voulez que la propriété soit considérée, rendez-la, forcez-la à être un bien-être et non un fléau, car les fléaux, on cherche toujours à les détruire.

Je considère le rôle du propriétaire comme devant rentrer dans la loi commune et sur ce je propose les réformes suivantes :

ART. 1er.— Pour arriver sans secousse et par la force naturelle des choses à la diminution des loyers de tout prix, à dater du 1er Janvier 1871, tous les logements, appartements, boutiques, terrains et enclos inoccupés seront passibles des impositions comme s'ils étaient en plein rapport.

ART. 2.— Les termes d'Octobre, Janvier et Avril, s'étant écoulés dans des circonstances exceptionnelles, les loyers ne peuvent en toute conscience être réclamés au commerce et à l'industrie, surtout aux principaux-locataires dont le plus grand nombre sont affligés de toutes les charges du propriétaire. Exception serait faite pour les propriétaires qui n'ont pas eu la cruauté de tout infliger à leur principal-locataire. Ceux-là seuls auraient droit au 1/2 terme d'Avril pour pouvoir faire face aux impositions.

ART. 3.—Considérant que les baux contractés avant le 4 Septembre ont tous été faits à des conditions si excentriques, qu'il n'est plus possible de les tolérer sans bouleverser la fortune publique, que la clause de force majeure énoncée dans un bail ne peut même pas s'accepter comme cas de prévision des malheurs qui viennent de nous frapper, je propose qu'à partir du 1er Janvier 1871, les baux soient réduits dans les proportions suivantes, et non au taux des loyers de 1200 fr., ce qui démontre que c'est toujours sur les petits que l'on frappe et jamais sur les gros.

Les baux de 1000 à 2000 fr. réduits de 10 0/0

2000 à 4000	15 0/0
4000 à 6000	20 0/0
6000 à 8000	25 0/0
8000 à 10000 fr. et au-dessus,	30 0/0

ART. 4. — Tous locataires que les présentes réductions ne pourraient assez soulager devront avoir le droit de résilier leur bail sans avoir aucune indemnité à endurer, et d'enlever tout leur matériel industriel et commercial et débarrasser les lieux pour le 1er Octobre sans avoir de loyer à payer.

Ch. T***, propriétaire, 132, chaussée du Maine, à Montrouge.

Paris-Vaugirard, imp. AUBRY, rue Gerbert, 10.

République Française

LIBERTÉ — ÉGALITÉ — FRATERNITÉ

AUX

OUVRIERS BOULANGERS

Quand on fait triompher la justice et le droit, manifester en masse sa satisfaction est un devoir. A cet effet tous les Ouvriers Boulangers, SANS EXCEPTION AUCUNE, sont invités à se réunir au Cirque national, le Lundi 15 Mai, à 4 heures du soir, afin de prendre une décision très-sérieuse concernant les intérêts de la corporation, pour, de là, se rendre à l'Hôtel-de-Ville, exprimer notre gratitude à la Commune et l'assurer de notre dévouement.

Pour la Corporation,

E. HENRY.

Paris. — Imprimerie LEFÈVRE, passage du Caire, 87-89.

LIBERTÉ — ÉGALITÉ — FRATERNITÉ

APPEL

AUX

HOMMES de TOUS les PAYS LIBRES

Pour la formation du 12e Bataillon de marche de la 3e Légion de la Garde nationale.

Ce bataillon, essentiellement composé de volontaires franco-américains et de corps francs, convoque tous les hommes libres à se joindre à lui pour la formation de la dernière compagnie, et pour la défense de nos libertés, de nos droits et le maintien de la Commune.

Cette dernière compagnie, son effectif formé, ira rejoindre les autres déjà au feu.

ARMES DE PRÉCISION. — SOLDE ET VIVRES DE LA GARDE NATIONALE.

Pour les enrôlements, s'adresser rue des Francs-Bourgeois, 26.

SALUT ET FRATERNITÉ

Le Commandant,

BONNIN.

Ex-Capitaine de l'armée américaine et Franc-Tireur licencié.

On demande DIX bons Clairons avec 5 francs de solde par jour.

Paris. — IMPRIMERIE SOURCES, (Association ouvrière), rue des Jeûneurs, 14.

MUR. COM

62

RÉPUBLIQUE FRANÇAISE

LIBERTÉ — ÉGALITÉ — FRATERNITÉ

COMMUNE DE PARIS. — 8e ARRONDISSEMENT

Le Comité de vigilance du 8e Arrondissement, en vertu des pouvoirs qui lui ont été conférés par le Comité de salut public, porte à la connaissance de l'Arrondissement le Décret de la Commune suivant :

LA COMMUNE DE PARIS,

Ayant adopté les veuves et les enfants de tous les citoyens morts pour la défense des droits du peuple,

DÉCRÈTE :

Art. 1er. — Une pension de 600 fr. sera accordée à la femme du Garde national tué pour la défense des droits du peuple, après enquête qui établira ses droits et ses besoins.

Art. 2. — Chacun des enfants, reconnus ou non, recevra, jusqu'à l'âge de dix-huit ans, une pension annuelle de trois cent soixante-cinq francs, payables par douzièmes.

Art. 3. — Dans le cas où les enfants seraient déjà privés de leur mère, ils seront élevés aux frais de la Commune, qui leur fera donner l'éducation intégrale nécessaire pour être en mesure de se suffire dans la société.

Art. 4. — Les ascendants, père, mère, frères et sœurs de tout citoyen mort pour la défense des droits de Paris, et qui prouveront que le défunt était pour eux un soutien nécessaire, pourront être admis à recevoir une pension proportionnelle à leurs besoins dans les limites de 100 à 800 francs par personne.

Art. 5. — Toute enquête nécessitée par l'application des articles ci-dessus sera faite par une Commission spéciale composée de 6 membres délégués à cet effet dans chaque arrondissement, et présidée par un membre de la Commune appartenant à l'arrondissement.

Art. 6. — Un comité, composé de trois membres de la Commune, centralisera les résultats produits par l'enquête et statuera en dernier ressort.

Paris, le 10 avril 1871.

En conformité de l'article 5, les citoyens BOUCHER, BONRAISIN, POULAIN, PRUD'HOMME, RICHARD, VOIGNIER, sont nommés membres de la Commission d'enquête.

Cette Commission se réunira sous la présidence d'un membre de la Commune de l'arrondissement.

Paris, le 12 mai 1871.

Vu et approuvé :

Les Membres de la Commune,
RAOUL RIGAULT, Éd. VAILLANT.

Pour le Comité de Vigilance et par délégation,

BOURLET, PIQUET, SCHMIDT.

9136 — Paris, Imprimerie Josseau, rue Saint-Honoré, 338.

RÉPUBLIQUE FRANÇAISE

LIBERTÉ — ÉGALITÉ — FRATERNITÉ

COMMUNE DE PARIS

MINISTÈRE DE LA GUERRE

ORDRE

Le Délégué civil à la Guerre,

Considérant que le nombre des artilleurs qui perçoivent la solde est considérable;

Que le nombre de ceux qui servent les pièces contre l'ennemi est extrêmement restreint;

Qu'il importe que la Délégation de la Guerre ait à sa disposition immédiate toutes les batteries constituées,

ARRÊTE :

ART. 1er. Une revue d'effectif sera passée le samedi 13 mai 1871, à 4 heures précises, dans la grande cour de l'École-Militaire, où les batteries recevront les ordres du Directeur général de l'artillerie.

Tous les artilleurs manquant à cette revue seront privés de la solde et des vivres.

ART. 2. Sont exempts de cette revue les artilleurs actuellement au feu.

ART. 3. Les états de solde ne seront plus payés au Trésor que pourvus du visa du colonel HENRY, chef du mouvement, et approuvés par le citoyen MARIN, directeur du personnel.

Paris, le 12 mai 1871.

Le Délégué civil à la Guerre,
DELESCLUZE.

J IMPRIMERIE NATIONALE. — Mai 1871.

RÉPUBLIQUE FRANÇAISE

LIBERTÉ — ÉGALITÉ — FRATERNITÉ

N° 311   N° 311

COMMUNE DE PARIS

MAIRIE DU 3ᵐᵉ ARRONDISSEMENT

VENTE
AUX ENCHÈRES PUBLIQUES
DE

CHARBON DE TERRE
DIMANCHE 14 MAI
à 1 heure de l'après-midi

A LA GARE D'IVRY

IMPRIMERIE NATIONALE. — Mai 1871

RÉPUBLIQUE FRANÇAISE
LIBERTÉ — ÉGALITÉ — FRATERNITÉ

N° 312   N° 312

COMMUNE DE PARIS

DIRECTION GÉNÉRALE DES DOMAINES

VENTE
AUX ENCHÈRES PUBLIQUES

Le JEUDI 18 Mai, à 8 heures du matin, et jours suivants, s'il y a lieu

AU DÉPOT DU MOBILIER DES DOMAINES DE L'ÉTAT, RUE DES ÉCOLES, 2.

D'UNE GRANDE QUANTITÉ

D'OBJETS D'EQUIPEMENT
HABILLEMENTS MILITAIRES RÉFORMÉS ET PAPIERS
PROVENANT DU MINISTÈRE DE LA GUERRE.

Ces objets consistent en :

Capotes, Pantalons, Tuniques, Vestes, Manteaux, Képis, Sacs, Instruments de musique, Vieilles toiles, Fontes, Vieilles caisses et Toiles, Cuivre, environ 10,000 kilogrammes Papiers, etc.

AU COMPTANT
CINQ POUR CENT EN SUS DU PRIX
ENLÈVEMENT DE SUITE

IMPRIMERIE NATIONALE. - Mai 1871.

RÉPUBLIQUE FRANÇAISE.

DÉPÊCHE TÉLÉGRAPHIQUE.

LE CHEF DU POUVOIR EXÉCUTIF
A toutes les Autorités civiles et militaires.

Pendant que nos troupes ont entrepris, dans le bois de Boulogne, d'ouvrir la tranchée sur un long développement et que la formidable artillerie de Montretout protége les travaux d'approche, le deuxième corps (général Cissey) a, du côté d'Issy, accompli un fait d'armes des plus brillants. Hier, à midi, les troupes du général Osmont ont occupé les maisons situées au point où la route stratégique rencontre la route de Châtillon à Montrouge. Cette opération, qui a été exécutée par les fusiliers marins, une compagnie du 4ᵉ bataillon de chasseurs à pied et les partisans du 113ᵉ de ligne, a eu pour résultat de couper toute communication entre les forts de Vanves et de Montrouge.

Quelques heures plus tard, le commandant Pontécoulant, avec un bataillon du 46ᵉ de ligne (brigade Bocher), a enlevé à la baïonnette le couvent des Oiseaux à Issy. Dans cette attaque, exécutée de la manière la plus brillante, nos soldats ont déployé un admirable élan. Les pertes de l'ennemi sont considérables. Nous avons pris huit canons, plusieurs drapeaux et fait des prisonniers.

A la suite de cette affaire, les insurgés, comprenant qu'ils ne pouvaient plus tenir en dehors de l'enceinte, ont successivement abandonné toutes les parties du village qu'ils occupaient encore, laissant de nouveau entre nos mains un grand nombre de prisonniers. L'occupation du Lycée de Vanves effectuée cette nuit amène nos troupes à quelques centaines de mètres à peine de l'enceinte.

Ainsi, sur tous les points, nous approchons du terme fatal de nos opérations et de la délivrance de Paris.

A. THIERS.

Versailles, 13 *Mai* 1871, 5 *h. du soir.*

Versailles. — Imp. de E. AUBERT, 6, avenue de Sceaux.

RÉPUBLIQUE FRANÇAISE

LIBERTÉ — ÉGALITÉ — FRATERNITÉ

COMMUNE DE PARIS

DIRECTION DES DOMAINES DE LA SEINE

VENTE

AUX ENCHERES PUBLIQUES

DES OBJETS MOBILIERS

SUIVANTS,

Savoir : A l'Abattoir de Grenelle, place Breteuil, n° 4,
Le Jeudi 18 Mai 1871, à 1 heure.

79 Futailles vides ayant contenu des salaisons.	80 Palettes.
8 Tables à saler.	20 Grandes marmites en fonte.
10 Tréteaux.	2 Chantiers de fûts.
1 Table à couper la viande.	36 Tabliers.
12 Paniers.	1 Lot d'outils de salaison.
6 Tables à déposer la viande.	Bois travaillé provenant des abris de bestiaux : lot important.
2 Tables à coulisse.	
2 Écumoires.	7 Grandes auges en bois.
2 Pelles en fer à main.	60 Augettes.
1 Thermomètre.	100 Sacs à toiles.
1 Pèse-sels.	6 Brouettes à viande.
	Lots de fourches, pelles, etc.

A l'Abattoir des Fourneaux, rue des Fourneaux, n° 74,
Le Vendredi 19 Mai 1871, à 1 heure.

160 Matelas varech.	1 Petite commode.
56 Couvertures laine.	1 Table en chêne.
24 Chaises paille.	1 Robinet en cuivre.
4 Sceaux en zinc.	5 Concasseurs mécaniques.
30 Paniers en osier.	2 Lits en fer avec sommier.
6 Manettes.	3 Tables bois blancs.
6 Tuyaux d'arrosement.	10 Tréteaux.
1 Bureau.	1 Lot de fourches, pelles, râteaux.

La vente aura lieu au comptant.

Les acquéreurs payeront 5 centimes par franc au-dessus des enchères.

L'enlèvement devra être terminé dans les trois jours de l'adjudication.

Paris, le 14 mai 1871.

Le Directeur des Domaines,
J. FONTAINE.

IMPRIMERIE NATIONALE. — Mai 1871.

RÉPUBLIQUE FRANÇAISE

LIBERTÉ — ÉGALITÉ — FRATERNITÉ

N° 314   N° 314

COMMUNE DE PARIS

Le Comité de Salut public

ARRÊTE :

Sont nommés juges à la Cour martiale, les citoyens :

Colonel E. GOIS, président;

Colonel J. COLLET, juge;

Colonel LEDRUX, juge;

Lieutenant-colonel RAZOUA, juge;

Commandant Ed. LEVRAUD, juge;

Commandant LEFEBVRE-RONCIER, juge suppléant;

Commandant MICHEVONT, juge suppléant;

Lieutenant H. ARNOLD, juge suppléant;

Commandant A. GOUILLÉ, juge rapporteur.

A l'Hôtel de Ville, le 12 mai 1871.

Le Comité de Salut public,

ART. ARNAUD, E. EUDES, F. GAMBON, G. RANVIER.

RÉPUBLIQUE FRANÇAISE

LIBERTÉ — ÉGALITÉ — FRATERNITÉ

COMMUNE DE PARIS

Vᵉ ARRONDISSEMENT

MAIRIE DU PANTHÉON

Les Membres de la Commune, délégués à la Mairie,

Dans le but de venir en aide aux familles qui souffrent de la situation actuelle, et pour faciliter l'achat des subsistances en maintenant les denrées à des prix accessibles aux travailleurs, ont pris les dispositions suivantes :

1° L'Administration crée, dans chaque quartier, un magasin de denrées à prix réduit. L'un de ces magasins fonctionne déjà avec succès, rue des Fossés-Saint-Marcel, 7. Les autres seront prochainement ouverts.

2° Des ventes de pommes de terre ont lieu, depuis le 10 courant, au prix de TRENTE-CINQ CENTIMES le boisseau (double décalitre), rue du Pot-de-Fer, 24.

3° La Municipalité, en outre, a mission d'informer la population du Vᵉ arrondissement que la Délégation de la guerre est en mesure de fournir *immédiatement* une somme considérable de TRAVAIL DE FEMMES. On peut se présenter, dès ce jour, au Corps législatif.

Rien de ce qui peut intéresser la brave et patriotique population du Vᵉ arrondissement ne restera indifférent aux administrateurs qu'elle s'est donnés.

Les Membres de la Municipalité :   Les Membres de la Commune :

ACONIN, MURAT, ALLEMANE.   D.-TH. REGÈRE, CH. LEDROIT.

4485—Paris.—Association générale typographique, rue du Faubourg-St-Denis, 19.

RÉPUBLIQUE FRANÇAISE

N° 315   LIBERTÉ — ÉGALITÉ — FRATERNITÉ   N° 315

COMMUNE DE PARIS

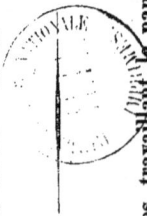

Les ouvrières travaillant le papier, telles que brocheuses, plieuses, etc., qui seraient sans emploi, s'inscriront à la **Délégation scientifique,** 78, rue de Varennes, de 8 heures à 11 heures du matin.

Paris, le 13 mai 1871.

LE MEMBRE DE LA COMMUNE,
Chef de la Délégation scientifique,
PARISEL.

IMPRIMERIE NATIONALE. — Mai 1871.

RÉPUBLIQUE FRANÇAISE

N° 316   LIBERTÉ — ÉGALITÉ — FRATERNITÉ   N° 316

COMMUNE DE PARIS

La Commune de Paris

DÉCRÈTE :

Art. 1er. La Commission du travail et d'échange est autorisée à réviser les marchés conclus jusqu'à ce jour par la Commune.

Art. 2. La Commission du travail et d'échange demande que les marchés soient directement adjugés aux corporations et que la préférence leur soit toujours accordée.

Art. 3. Les conditions des cahiers des charges et les prix de soumission seront fixés par l'intendance, la chambre syndicale de la corporation et une délégation de la Commission du travail et d'échange, le Délégué et la Commission des finances entendus.

Art. 4. Les cahiers des charges, pour toutes les fournitures à faire à l'Administration communale, porteront, dans les soumissions desdites fournitures, les prix minimum du travail à la journée ou à la façon à accorder aux ouvriers ou ouvrières chargés de ce travail.

Paris, le 13 mai 1871.

Pour le Délégué à la Commission du travail et d'échange :
Le Secrétaire général,
BERTIN.

² IMPRIMERIE NATIONALE. — Mai 1871.

RÉPUBLIQUE FRANÇAISE
LIBERTÉ — ÉGALITÉ — FRATERNITÉ

N° 317   N° 317

COMMUNE DE PARIS

BATAILLON
DES
FRANCS-TIREURS
DE LA RÉVOLUTION

Organisation immédiate.

Armement à tir rapide.

Équipement, solde de la Garde nationale, vivres de campagne.

BUREAUX D'ENRÔLEMENT :

Caserne du Prince-Eugène, place du Château-d'Eau.

Paris, le 14 mai 1871.

Les Délégués à l'organisation,
RAVEAUD, KAHN,
Ex-francs-tireurs garibaldiens.

IMPRIMERIE NATIONALE. — Mai 1871.

RÉPUBLIQUE FRANÇAISE
LIBERTÉ — ÉGALITÉ — FRATERNITÉ

N° 318

COMMUNE DE PARIS

APPEL AUX PROLÉTAIRES

BATAILLON
DES FRANCS-TIREURS
DE LA RÉVOLUTION

CITOYENS,

Autorisés par le Comité de Salut public et par le Citoyen délégué civil à la Guerre, à former un bataillon de francs-tireurs, nous faisons appel à la démocratie pour son organisation *immédiate*.

Non contents d'assassiner nos frères prisonniers, les monarchistes de Versailles, dont le mandat est expiré, sentant la France leur échapper, nous insultent par des propositions de trahison.

Que telle soit notre réponse :

AUX ARMES ! EN AVANT !

VIVE LA RÉPUBLIQUE UNIVERSELLE !
VIVE LA COMMUNE !

Paris, le 23 floréal an LXXIX.

Bureaux d'enrôlement : Caserne du Prince-Eugène, place du Château-d'Eau.
Organisation démocratique. — Armement à tir rapide. — Équipement. —
Solde de la garde nationale. — Vivres de campagne.

Les Délégués à l'organisation :
E. RAVEAUD, R. KAHN.
Ex-francs-tireurs garibaldiens.

IMPRIMERIE NATIONALE. — Mai 1871.

RÉPUBLIQUE FRANÇAISE

Nº 319

LIBERTÉ — ÉGALITÉ — FRATERNITÉ

Nº 319

COMMUNE DE PARIS

MAIRIE
DU Xᴱ ARRONDISSEMENT

Les locataires demeurant en hôtel meublé sont avertis qu'ils doivent acquitter le prix de leur location, et que les bons de logement ne seront donnés, à titre de secours, qu'à ceux qui prouveront qu'ils sont dans l'impossibilité de payer. Une enquête sérieuse sera faite par les soins de la Mairie.

Le bon de logement n'impose pas aux maîtres d'hôtel l'obligation de conserver les locataires qu'ils ne jugeront pas à propos de garder.

Tous différends entre les propriétaires et locataires seront tranchés à la Mairie.

Paris, le 14 mai 1871.

Pour la Municipalité :
LEROUDIER.

Pour la Commission communale :
CHAMPY.

IMPRIMERIE NATIONALE. — Mai 1871.

RÉPUBLIQUE FRANÇAISE

LIBERTÉ — ÉGALITÉ — FRATERNITÉ

ENRÔLEMENTS

Pour le CORPS des

ENFANTS DE PARIS

A L'ÉTAT-MAJOR

15, rue Bouret, à *La Villette*

Imprimerie C. BUTOT jeune, passage du Caire, 72.

RÉPUBLIQUE FRANÇAISE

LIBERTÉ — EGALITÉ — FRATERNITÉ

COMMUNE DE PARIS

VIIIème ARRONDISSEMENT

AVIS

Les citoyens âgés de plus de 40 ans qui désireraient être employés comme recenseurs sont invités à se présenter le 16 courant **A LA MAIRIE** du 8e Arrondissement, de 9 heures à 11 heures du matin.

Ils devront s'adresser à la **Commission du Recensement** fonctionnant à la Mairie, rue d'Anjou-Saint-Honoré, n° **11**.

Paris, le 14 mai 1871.

9137. — Paris, Imprimerie Jouaust, rue Saint-Honoré, 338.

RÉPUBLIQUE FRANÇAISE.—PRÉFECTURE DE LOIR-ET-CHER

Dépêche télégraphique

Versailles, 14 mai 1871, 2 heures du soir.

Le Chef du Pouvoir exécutif à toutes les autorités civiles et militaires.

Le Fort de Vanves vient d'être pris; il est occupé par nos Troupes.

A. THIERS.

Pour copie conforme :

Le Préfet de Loir-et-Cher,

CAMESCASSE.

Blois. — Imprimerie J. MARCHAND, rue Haute, 2.

RÉPUBLIQUE FRANÇAISE

N° 32   LIBERTÉ — ÉGALITÉ — FRATERNITÉ   N° 320

COMMUNE DE PARIS

Par ordre du Comité de Salut public, le prix du **JOURNAL OFFICIEL** de la **R**épublique française est fixé à **CINQ** centimes.

Paris, le 14 mai 1871.

Le Délégué à l'Officiel, *Membre de la Commune,*
P. VÉSINIER

2 IMPRIMERIE NATIONALE. — Mai 1871

RÉPUBLIQUE FRANÇAISE

N° 321   LIBERTÉ — ÉGALITÉ — FRATERNITÉ   N° 321

COMMUNE DE PARIS

LÉGION DE CAVALERIE
DE LA GARDE NATIONALE
DE PARIS

Tous les citoyens, quels que soient leur grade et leur âge, qui sont valides et qui appartiennent à la légion de cavalerie, dont l'état-major était place Vendôme, sont prévenus qu'ils devront se rendre à cheval, en petite tenue, le jeudi 18 mai, à 8 heures du matin, au quartier de la Cité.

Ceux qui n'ont pas encore pourvu au remplacement de leur cheval viendront en tenue à pied.

Le Commandant provisoire, chargé de la réorganisation, les invite à être exacts afin d'éviter leur enrôlement permanent dans les avant-postes.

Paris, le 14 mai 1871.

Le Lieutenant-Colonel, *Directeur de la cavalerie.*
MALROUX.

VU ET APPROUVÉ :
Le Délégué civil à la Guerre,
DELESCLUZE.

2 IMPRIMERIE NATIONALE — Mai 1871.

RÉPUBLIQUE FRANÇAISE
LIBERTÉ — ÉGALITÉ — FRATERNITÉ
SOLIDARITÉ

AUX

BATAILLONS
DU 2ᵉ ARRONDISSEMENT

La Délégation Communale du 2ᵉ Arrondissement reçoit incessamment les réclamations de quelques-uns de nos Bataillons, qui se plaignent de n'être pas utilisés pour la défense.

Ces plaintes sont fondées, et c'est surtout au moment suprême où nous sommes que l'égalité devant le danger doit primer toute autre considération.

En conséquence, les Bataillons du 2ᵉ Arrondissement vont être appelés à une activité réelle et n'auront rien à envier à leurs frères héroïques des autres Arrondissements.

LA DÉLÉGATION COMMUNALE DU 2ᵉ ARRONDISSEMENT :
EUGÈNE POTTIER, A. SERRAILLIER,
JACQUES DURAND, J. JOHANNARD.

Paris, Imprimerie LÉFEBVRE, passage du Caire, 87-80.

RÉPUBLIQUE FRANÇAISE
Nº 322   *LIBERTÉ — ÉGALITÉ — FRATERNITÉ*   Nº 322

COMMUNE DE PARIS

Tous les ouvriers terrassiers sont invités à se faire inscrire à la Mairie de leur arrondissement pour prendre part aux travaux concernant la défense de Paris.

Ils recevront 3 fr. 50 cent. par jour.

Paris, le 14 mai 1871.

Le Délégué civil à la Guerre,
DELESCLUZE.

IMPRIMERIE NATONALE. — Mai 1871.

RÉPUBLIQUE FRANÇAISE

LIBERTÉ — EGALITÉ — FRATERNITÉ

COMMUNE DE PARIS

AUX GRANDES VILLES

Après deux mois d'une bataille de toutes les heures, Paris n'est ni las ni entamé. Paris lutte toujours, sans trêve et sans repos, infatigable, héroïque, invaincu.

Paris a fait un pacte avec la mort. Derrière ses forts il a ses murs; derrière ses murs ses barricades; derrière ses barricades ses maisons, qu'il faudrait lui arracher une à une, et qu'il ferait sauter, au besoin, plutôt que de se rendre à merci.

Grandes villes de France, assisterez-vous immobiles et impassibles à ce duel à mort de l'Avenir contre le Passé, de la République contre la Monarchie?

Ou verrez-vous enfin que Paris est le champion de la France et du monde, et que ne pas l'aider, c'est le trahir...

Vous voulez la République, ou vos votes n'ont aucun sens; vous voulez la Commune, car la repousser, ce serait abdiquer votre part de souveraineté nationale; vous voulez la liberté politique et l'égalité sociale, puisque vous l'écrivez sur vos programmes; vous voyez clairement que l'armée de Versailles est l'armée du bonapartisme, du centralisme monarchique, du despotisme et du privilége, car vous connaissez ses chefs et vous vous rappelez leur passé.

Qu'attendez-vous donc pour vous lever! Qu'attendez-vous pour chasser de votre sein les infâmes agents de ce gouvernement de capitulation et de honte qui mendie et achète, à cette heure même, de l'armée prussienne, les moyens de bombarder Paris par tous les côtés à la fois?

Attendez-vous que les soldats du droit soient tombés jusqu'au dernier sous les balles empoisonnées de Versailles?

Attendez-vous que Paris soit transformé en cimetière et chacune de ses maisons en tombeau?

Grandes villes, vous lui avez envoyé votre adhésion fraternelle; vous lui avez dit : « De cœur, je suis avec toi! »

Grandes villes, ne vous en fiez plus aux manifestes : le temps est aux actes, quand la parole est au canon.

Assez de sympathies platoniques. Vous avez des fusils et des munitions : aux armes! Debout, les villes de France!

Paris vous regarde; Paris attend que votre cercle se serre autour de ses lâches bombardeurs et les empêche d'échapper au châtiment qu'il leur réserve.

Paris fera son devoir et le fera jusqu'au bout.

Mais ne l'oubliez pas, Lyon, Marseille, Lille, Toulouse, Nantes, Bordeaux et les autres.....

Si Paris succombait pour la liberté du monde, l'histoire vengeresse aurait le droit de dire que Paris a été égorgé parce que vous avez laissé s'accomplir l'assassinat.

Paris, le 15 mai 1871.

Le Délégué de la Commune aux Relations extérieures,
PASCHAL GROUSSET.

IMPRIMERIE NATIONALE. — Mai 1871.

Document 1 (left)

RÉPUBLIQUE FRANÇAISE

LIBERTÉ — ÉGALITÉ — FRATERNITÉ

N° 324   N° 324

COMMUNE DE PARIS

XXe ARRONDISSEMENT

CITOYENS,

De nombreuses réclamations nous sont parve—nues.

Pour répondre et satisfaire immédiatement à tous les intérêts, les Membres de la Commune du XXe arrondissement donnent avis que cette nuit ils se sont occupés des mesures nécessaires à prendre.

CITOYENS,

Nous vous rappelons que plus que jamais nous avons tous besoin de nous rallier au drapeau rouge pour conserver l'établissement de la République.

VIVE LA COMMUNE !
VIVE LA RÉPUBLIQUE ! .

Paris, le 14 mai 1871.

Les Membres de la Commune du XXe arrondissement,
RANVIER, VIARD, BERGERET, TRINQUET.

IMPRIMERIE NATIONALE.— Mai 1871.

Document 2 (right)

RÉPUBLIQUE FRANÇAISE

LIBERTÉ — ÉGALITÉ — FRATERNITÉ

COMMUNE DE PARIS

8me ARRONDISSEMENT

Le Comité de vigilance du 8e Arrondissement, en vertu des pouvoirs qui lui ont été conférés par le Comité de salut public ;

Considérant qu'il est d'intérêt public d'ordonner et de faire immédiatement procéder au recensement exact de l'Arrondissement, tant au point de vue de l'état civil qu'au point de vue militaire,

ARRÊTE :

ART. 1er. — La Commission déléguée au recensement du 8me Arrondissement fera immédiatement dresser des listes *contenant toutes les indications générales et particulières* avec l'aide d'agents recenseurs *civils et militaires* délégués par elle à cet effet.

ART. 2. — Les agents recenseurs, aidés du concours de la Garde nationale sédentaire, commandée en cette occasion, procéderont de suite à l'accomplissement de cette tâche, tous les jours à partir de huit heures du matin jusqu'à huit heures du soir, et jusqu'à solution complète et définitive.

ART. 3. — Les propriétaires, locataires, concierges ou régisseurs, qui recevront des bulletins imprimés émanant du 8me Arrondissement devront, dans les vingt-quatre heures, les remplir et les remettre ou adresser à la Commission du recensement du 8e Arrondissement, revêtus de la date et de leurs signatures.

ART. 4. — Pénalité sera requise contre tout citoyen ou citoyenne qui apportera une entrave quelconque aux opérations ordonnées, ou donnera aux agents commissionnés des renseignements erronés ou incomplets.

Paris, le 14 Mai 1871.

Vu et approuvé :
Les Membres de la Commune,
E. VAILLANT, Raoul RIGAULT.

Pour le Comité de Vigilance et par délégation,
BAUCHE, BRESSLER, BIGOT.

9138—Paris, IMPRIMERIE JOUAUST, rue St-Honoré, 338.

RÉPUBLIQUE FRANÇAISE

Liberté, Égalité, Fraternité.

12ME LÉGION

AUX GARDES NATIONAUX

CITOYENS,

Un grand exemple vous est donné; des Citoyennes, des femmes héroïques, pénétrées de la sainteté de notre cause, ont demandé des armes au Comité de Salut Public pour défendre, comme nous tous, la Commune et la République.

Ce noble sentiment ranimera, je l'espère, le courage de certains hommes.

Le Colonel commandant la 12me Légion, heureux et fier d'avoir à enregistrer un pareil dévouement, a pris la décision suivante :

La 1re Compagnie des *Citoyennes Volontaires* sera immédiatement organisée et armée.

Ces Citoyennes marcheront à l'ennemi avec la Légion. Et afin de stimuler l'amour-propre de quelques lâches, le Colonel arrête :

1° Tous les réfractaires seront désarmés publiquement, devant le front de leur Bataillon, par les Citoyennes-Volontaires.

2° Après avoir été désarmés, ces hommes, indignes de servir la République, seront conduits en prison par les Citoyennes qui les auront désarmés.

La première exécution de ce genre aura lieu prochainement avenue Daumesnil.

VIVE LA COMMUNE! VIVE LA RÉPUBLIQUE!

Paris, 14 Mai 1871.

Le Colonel commandant la 12me Légion.

JULES MONTELS.

Paris. — Typographie MORRIS Père et fils, rue Amelot, 64.

64

RÉPUBLIQUE FRANÇAISE

N° 325   LIBERTÉ — ÉGALITÉ — FRATERNITÉ   N° 325

COMMUNE DE PARIS

ABATTOIRS DE LA VILLETTE

AVIS

A dater de mardi 16 mai courant, pour circuler dans les abattoirs, il faudra être muni d'une carte spéciale revêtue du cachet de la Direction.

Toute personne rencontrée dans les abattoirs, non munie de permis de circulation, sera arrêtée si elle ne peut arguer de motifs plausibles justifiant sa présence.

Les personnes que leurs travaux appellent aux abattoirs peuvent se présenter à la Direction, où un permis de circulation leur sera délivré.

Le Directeur général des abattoirs de la Villette,
ERNEST MELIN.

IMPRIMERIE NATIONALE. — Mai 1871.

RÉPUBLIQUE FRANÇAISE

N° 326   LIBERTÉ — ÉGALITÉ — FRATERNITÉ   N° 326

COMMUNE DE PARIS

DÉLÉGATION DES FINANCES

Le Délégué à la Sûreté générale,

Sur la proposition du Délégué aux Finances,

ARRÊTE :

Art. 1er Tous les services des halles et marchés, qui ressortissaient au premier bureau de la 2e division de l'ex-préfecture de police, sont, à dater d'aujourd'hui, 14 mai 1871, du ressort de la Délégation des Finances.

Art. 2. Les Inspecteurs des halles et marchés nommés par le Délégué aux finances auront le droit de requérir la force publique.

Art. 3. Les Commissaires de police et les Commandants de la Garde nationale sont tenus, chacun en ce qui les concerne, de prêter main-forte à ces inspecteurs.

Paris, le 15 mai 1871.

Le Délégué à la Sûreté générale,
TH. FERRÉ.

2 IMPRIMERIE NATIONALE. — Mai 1871.

RÉPUBLIQUE FRANÇAISE

LIBERTÉ — ÉGALITÉ — FRATERNITÉ

N° 328

COMMUNE DE PARIS

La Commune de Paris

DÉCRÈTE :

ART. 1er. La Commission du travail et de l'échange est autorisée à réviser les marchés conclus jusqu'à ce jour par la Commune.

ART. 2. La Commission du travail et de l'échange demande que les marchés soient directement adjugés aux corporations, et que la préférence leur soit toujours accordée.

ART. 3. Les conditions des cahiers des charges et les prix de soumission seront fixés par l'intendance, la chambre syndicale de la corporation et une délégation de la Commission du travail et de l'échange, le Délégué et la Commission des finances entendus.

ART. 4. Les cahiers des charges, pour toutes les fournitures à faire à l'Administration communale, porteront, dans les soumissions desdites fournitures, les prix minimum du travail à la journée ou à la façon à accorder aux ouvriers ou ouvrières chargés de ce travail.

Paris, le 13 mai 1871.

LA COMMUNE DE PARIS.

IMPRIMERIE NATIONALE — Mai 1871.

RÉPUBLIQUE FRANÇAISE

LIBERTÉ — ÉGALITÉ — FRATERNITÉ

N° 329

COMMUNE DE PARIS
DIRECTION DES DOMAINES

Sur la délibération approuvée du Comité de Salut public, le citoyen Jules Fontaine, Directeur général des Domaines,

En réponse aux l. rmes et aux menaces de Thiers, le bombardeur, et aux lois édictées par l'Assemblée rurale, sa complice,

ARRÊTE :

ARTICLE PREMIER.

Tout le linge provenant de la maison Thiers sera mis à la disposition des ambulances.

ART. 2.

Les objets d'art et livres précieux seront envoyés aux bibliothèques et musées nationaux.

ART. 3.

Le mobilier sera vendu aux enchères, après exposition publique au garde-meuble.

ART. 4.

Le produit de cette vente restera uniquement affecté aux pensions et indemnités qui devront être fournies aux veuves et orphelins des victimes de la guerre infâme que nous fait l'ex-propriétaire de l'hôtel Georges.

ART. 5.

Même destination sera donnée à l'argent que rapporteront les matériaux de démolition.

ART. 6.

Sur le terrain de l'hôtel du parricide sera établi un square public.

Paris, 25 floréal an 79.

Le Directeur général des Domaines,
J. FONTAINE.

) IMPRIMERIE NATIONALE. — Mai 1871.

RÉPUBLIQUE FRANÇAISE

Nº 330   LIBERTÉ — ÉGALITÉ — FRATERNITÉ   Nº 330

COMMUNE DE PARIS

MINISTÈRE DE LA GUERRE

ARRÊTÉ

Vu l'arrêté du Comité de Salut public en date de ce jour, transférant au Ministère de la Guerre le service de la place de Paris, lequel arrêté confie au chef de l'état-major du Ministère de la Guerre les fonctions attribuées au commandant de la place de Paris, pour le mouvement des bataillons de la Garde nationale et des corps annexés, ainsi que du matériel,

Le Délégué civil à la Guerre

ARRÊTE :

Le colonel d'état-major Henri est nommé chef d'état-major au Ministère de la Guerre, et, en cette qualité, il exercera toutes les attributions conférées au commandant de la place de Paris.

Paris, le 15 mai 1871.

Le Délégué civil à la Guerre,
DELESCLUZE.

IMPRIMERIE NATIONALE. — Mai 1871.

RÉPUBLIQUE FRANÇAISE

Nº 331   LIBERTÉ — ÉGALITÉ — FRATERNITÉ   Nº 331

COMMUNE DE PARIS

XIᴱ ARRONDISSEMENT

AVIS

Le Comité central de l'Union des femmes pour la défense de Paris et les soins aux blessés informe les ouvrières de tous corps d'état que, l'organisation du travail lui étant confiée, chaque Comité d'arrondissement est chargé de recevoir les inscriptions.

Il les engage donc à se présenter au plus tôt dans leur arrondissement respectif pour se faire inscrire à la Mairie.

Paris, le 15 mai 1871.

VU ET APPROUVÉ :
Le Délégué municipal,
GUILLAUME.

IMPRIMERIE NATIONALE. — Mai 1871.

RÉPUBLIQUE FRANÇAISE

LIBERTÉ — ÉGALITÉ — FRATERNITÉ

N° 332 .   N° 332

COMMUNE DE PARIS

MAIRIE DU 3E ARRONDISSEMENT

Première liste des Souscriptions recueillies au profit des victimes de la défense des libertés communales.

CITOYENS ET CITOYENNES,

L'appel que nous vous avons fait le 5 mai courant a été entendu.

Grâce à votre généreux concours, nous avons pu venir au secours des victimes de la défense de nos libertés ; en ce court espace de temps, il a été versé entre nos mains une somme de *trois mille quarante et un francs*.

Nous devons rendre ici un hommage aux citoyens musiciens des 55e, 144e, 145e bataillons, qui se sont particulièrement distingués dans l'accomplissement de ce devoir de solidarité.

Nous sommes certains d'être agréables à nos administrés en publiant la liste des noms des souscripteurs, auxquels nous adressons publiquement nos remerciemen's.

LISTE DES SOUSCRIPTIONS

Les Citoyens musiciens du 55e bataillon, cinq concerts	1,155 50	Report. . . .	2,544 65
Les Citoyens musiciens du 144e bataillon, quatre concerts.	384 65	Citoyen Leclerc.	1 00
Les Citoyens musiciens du 145e bataillon, quatre concerts	316 85	— Pellegrini.	2 00
Concert donné par le 129e bataillon .	46 00	— Compin.	6 00
Collecte du 54e bataillon	55 00	— anonyme.	20 00
— de la 8e compagnie sédentaire du 144e.	6 00	— Dubard	5 00
— faite boulevard Beaumarchais, 93	5 55	— Mouflier.	10 00
— entre les citoyens sergents du 205e.	12 75	— Parisot.	2 00
— versée par le citoyen Scrib .	3 50	— anonyme.	20 00
Sommes recueillies par le citoyen Kuschnick, boulevard Sébastopol, 86	550 00	Citoyenne Clément, deux versemens .	15 00
Citoyenne Monnier.	3 00	Citoyen Guibout.	5 35
Citoyen Bibal.	5 00	— Mathins.	3 00
		Forges de Montataire.	20 00
		Produit de vente de pain.	377 00
		Citoyenne Lerat le.	5 00
		Un anonyme.	5 00
A reporter. . . .	2,544 65	TOTAL. . . .	3 041 00

La Commission d'enquête pour les pensions aux victimes des libertés communales rédige le compte rendu de son travail, que nous publierons sous peu et qui justifiera de l'emploi desdits fonds.

Nous continuons à tenir à la disposition de nos administrés un registre à souche, bureau des membres de la Commune, destiné à recevoir leurs dons patriotiques.

Paris, le 15 mai 1871.

Les Membres de la Commune,
Ant. ARNAUD.
DEMAY.
Clovis DUPONT.
PINDY.

IMPRIMERIE NATIONALE. — Mai 1871

RÉPUBLIQUE FRANÇAISE

Nº 333   LIBERTÉ — ÉGALITÉ — FRATERNITÉ   Nº 333

COMMUNE DE PARIS

MAIRIE
DU Xᵉ ARRONDISSEMENT

Des Asiles et des Écoles professionnelles sont ouverts en faveur des orphelins dont les pères sont tombés glorieusement en défendant nos franchises communales.

La même mesure sera prise, d'une manière temporaire, à l'égard des enfants des gardes appelés à des services extérieurs et qui seraient privés des moyens de surveillance en leur absence.

Les demandes d'admission seront faites à la Commission de secours aux veuves et orphelins, siégeant à la Mairie du Xᵉ arrondissement.

Les citoyens et les citoyennes qui auraient le désir de faire acte d'adoption y seront chaleureusement aidés et remerciés avec la plus vive gratitude.

Paris, le 15 mai 1871.

Pour la Municipalité :   *Pour les Membres de la Commune :*
LEROUDIER.   CHAMPY.

IMPRIMERIE NATIONALE. — Mai 1871.

RÉPUBLIQUE FRANÇAISE

Nº 334   LIBERTÉ — ÉGALITÉ — FRATERNITÉ   Nº 334

COMMUNE DE PARIS

AVIS

Le Comité de Salut public fait appel à tous les travailleurs, terrassiers, charpentiers, maçons, mécaniciens, et âgés de plus de quarante ans.

Un bureau sera immédiatement ouvert dans les municipalités pour l'enrôlement et l'embrigadement de ces travailleurs, qui seront mis à la disposition de la Guerre et du Comité de Salut public.

Une paye de 5 fr. 75 cent. leur sera accordée.

Paris, le 15 mai 1871.   *Le Comité de Salut public,*

ANT. ARNAUD, BILLIORAY, EUDES, J. GAMBON, G. RANVIER.

IMPRIMERIE NATIONALE. — Mai 1871.

Document No 335

N° 335

RÉPUBLIQUE FRANÇAISE

LIBERTÉ — ÉGALITÉ — FRATERNITÉ

N° 335

COMMUNE DE PARIS

Xᵉ ARRONDISSEMENT

CONSEIL DE RÉVISION

Un quatrième et *dernier Conseil de révision* aura lieu le Jeudi 18 mai 1871, à 9 heures du matin, en la Mairie du Xᵉ arrondissement, au bureau du chirurgien principal, pour tous les bataillons de la Xᵉ légion.

Passé ce jour, aucune réclamation concernant les cas d'exemption ne sera plus admise.

Paris, le 16 mai 1871.

Le Chirurgien principal de la Xᵉ légion,
Dʳ BRIGUEL.

Pour le Colonel commandant la Xᵉ légion :

Le Lieutenant-Colonel,
L. LOHAY.

IMPRIMERIE NATIONALE. — Mai 1871.

Document No 336

N° 336

RÉPUBLIQUE FRANÇAISE

LIBERTÉ — ÉGALITÉ — FRATERNITÉ

N° 336

COMMUNE DE PARIS

COMMISSION

DES SERVICES PUBLICS

Le Membre de la Commune délégué aux Services publics
ARRÊTE :

Tous les dépositaires de pétrole ou autres huiles minérales devront, dans les 48 heures, en faire la déclaration dans les bureaux de l'Éclairage, situés place de l'Hôtel-de-Ville, 9.

Passé ce délai, ils seront passibles des peines édictées par la loi.

Paris, le 16 mai 1871.

Vu et dressé par :
L'Ingénieur, Chef du service de l'Éclairage et des Concessions,
B. PEYROUTON.

Vu et présenté par
L'Ingénieur Chef des Services publics,
Ed. CARON.

Vu et approuvé par :
Le Membre de la Commune délégué aux Services publics,
JULES ANDRIEU.

1 IMPRIMERIE NATIONALE. — Mai 1871.

N° 337

RÉPUBLIQUE FRANÇAISE
LIBERTÉ — ÉGALITÉ — FRATERNITÉ

N° 337

COMMUNE DE PARIS

La Bibliothèque du Muséum d'histoire naturelle restera ouverte pendant toute la saison d'été, de 9 heures du matin à 5 heures du soir.

Paris, le 15 mai 1871.

Le Délégué administratif de la Commune de Paris
au Muséum d'histoire naturelle,
ERNEST MOULLÉ.

IMPRIMERIE NATIONALE. — Mai 1871.

N° 338

RÉPUBLIQUE FRANÇAISE
LIBERTÉ — ÉGALITÉ — FRATERNITÉ

N° 338

COMMUNE DE PARIS

MINISTÈRE DE LA GUERRE

DIRECTION DU GÉNIE

Les Citoyens qui sont disposés à travailler aux travaux de défense intérieure de Paris trouveront de l'occupation en se rendant chaque matin, à 7 heures, sur la place du Trocadéro.

La solde journalière est de 5 fr. 75 cent., sans les vivres.

Paris, le 16 mai 1871.

2 IMPRIMERIE NATIONALE. — Mai 1871.

RÉPUBLIQUE FRANÇAISE

LIBERTÉ — ÉGALITÉ — FRATERNITÉ

COMMUNE DE PARIS

ÉQUIPES DE FUSÉENS

La Délégation scientifique, rue de Varennes, 78, forme quatre équipes de fuséens pour le maniement des fusées de guerre.

Le citoyen Lutz, chargé de cette formation, prendra le commandement de ces équipes.

Il ne sera admis dans les équipes de fuséens que d'anciens artilleurs ou artificiers ayant en pyrotechnie des connaissances suffisantes.

En dehors de la solde d'artilleur, les fuséens recevront une haute paye fixée à 1 franc par jour.

Les inscriptions sont reçues à la Délégation scientifique, rue de Varennes, 78, de 8 heures du matin à 5 heures du soir (bureau militaire).

Chaque équipe sera composée de 12 fuséens, cadre compris.

Le registre d'inscription sera fermé dès que les équipes seront complètes.

Paris, le 18 mai 1871.

Le Membre de la Commune,
Chef de la Délégation scientifique,
PARISEL.

IMPRIMERIE NATIONALE.—Mai 1871.

VENTE

aux enchères publiques

le Dimanche 21 mai 1871, h^{re} de midi

du mobilier de la Chapelle **Bréa**, route d'Italie

par le Ministère du Citoyen NEVEUX, Com^{re} priseur, nommé d'office

Cette vente consiste en chaises, banquettes, orgue, chemin de la croix, lustres en cristal, grande quantité de bronze, candélabres, lampes, flambeaux, linge et effets d'église en divers tissus, plusieurs meubles en chêne, bahut, tableaux, vitraux, horloge, cloche; bref, tout ce qui concerne le mobilier d'une église.

Cette vente sera faite avec le concours du Citoyen DEMARAIS, expert, rue Beaubourg, 98, et rue Turbigo, 51 : elle sera expressément au comptant, les acquéreurs payeront 5 % en sus des enchères et il n'est accordé que 24 heures pour l'enlèvement des lots.

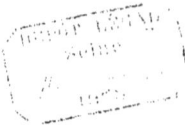

RÉPUBLIQUE FRANÇAISE

ASSEMBLÉE NATIONALE

SESSION 1871

LOI déclarant inaliénables les **Propriétés** publiques ou privées saisies ou soustraites
à **Paris** depuis le **18 Mars 1871.**

L'Assemblée nationale a adopté.

Le Président du Conseil des Ministres, Chef du Pouvoir exécutif de la République française, promulgue la loi dont la teneur suit :

ART. 1er. — Sont déclarés inaliénables jusqu'à leur retour aux mains du propriétaire tous biens meubles et immeubles de l'Etat, du département de la Seine, de la ville de Paris et des communes suburbaines, des établissements publics, des églises, des fabriques, des sociétés civiles, commerciales ou savantes, des corporations, des communautés, des particuliers, qui auraient été soustraits, saisis, mis sous le séquestre ou détenus d'une manière quelconque, depuis le 18 mars 1871, au nom et par les ordres d'un prétendu comité central, comité de salut public, d'une soi-disant Commune de Paris ou de tout autre pouvoir insurrectionnel, par leurs agents, par toute personne s'autorisant de ces ordres ou par tout individu ayant agi, même sans ordres, à la faveur de la sédition.

ART. 2. — Les aliénations frappées de nullité par l'article 1er ne pourront, pour les immeubles, servir de base à la prescription de dix ou vingt ans, et, pour les meubles, donner lieu à l'application des articles 2279 et 2280 du Code civil.

Les biens aliénés, en violation de la présente loi, pourront être revendiqués, sans aucune condition d'indemnité et contre tous détenteurs, pendant trente ans à partir de la cessation officiellement constatée de l'insurrection de Paris.

ART. 3. — Tout individu qui, en connaissant leur origine, aura concouru soit au détournement, soit à la vente, à la destruction, au transport à l'intérieur ou en pays étrangers, soit au recel des objets mobiliers de toute nature, à la fonte, à l'altération ou transformation des matières métalliques, soit à la négociation des titres ou valeurs commerciales, comme acheteur, donataire, créancier-gagiste, commissionnaire, ou à tout autre titre, sera puni des peines portées en l'article 401 (1) du Code pénal, sans préjudice des peines auxquelles il pourrait être exposé par les circonstances du fait. Les destructions, mutilations et dégradations des biens immeubles seront punies conformément aux dispositions du Code pénal ou les prévoient, sans que, *ra:* aucun cas, les auteurs, ou complices des crimes ou délits puissent se prévaloir de privilèges ordres qu'ils auraient reçus.

La prescription de l'action publique sera soumise aux règles de la prescription en matière criminelle ou correctionnelle, suivant qu'il s'agira de crimes ou de délits.

Mais l'action civile ne sera prescrite que par le laps de trente ans depuis la cessation officielle de l'insurrection, et ce, sans préjudice de toutes interruption et suspension de droit.

ART. 4. — Restera passible des peines prononcées par les articles 255 et 256 (2) du Code pénal, et, suivant les distinctions de ces articles, tout individu qui aura détruit en tout ou partie, ou détourné les actes de l'état civil, les bulletins du casier judiciaire, les dépôts, minutes et papiers des notaires et autres officiers ministériels, les archives de toute nature, et autres dépôts d'intérêt public, ou qui se sera rendu complice de ces faits.

ART. 5. — L'article 463 du Code pénal sera applicable aux crimes et délits prévus par la présente loi.

Délibéré en séance publique, à Versailles, le 12 Mai 1871.

Les Secrétaires,
Signé : JOHNSTON, marquis de CASTELLANE, baron de BARANTE, PAUL BETHMONT, PAUL DE RÉMUSAT, vicomte de MEAUX.

Le Président,
Signé : JULES GRÉVY.

Le Président du Conseil des Ministres, Chef du Pouvoir exécutif de la République française,
A. THIERS.

---

(1) Emprisonnement d'un an à cinq ans et amende de seize à cinquante francs. Les coupables peuvent être interdits des droits civiques, civils et de famille pendant cinq ou dix ans et être mis sous la surveillance de la haute police pendant le même nombre d'années.

(2) La réclusion ou les travaux forcés suivant que l'auteur est un simple particulier, un dépositaire, ou qu'il a commis les soustractions ou destructions avec violences.

COMMUNE DE PARIS

8ème ARRONDISSEMENT

Le Comité de vigilance du 8ᵉ Arrondissement, en vertu des pouvoirs qui lui ont été conférés par le Comité de Salut public,

ARRÊTE :

1° Un nouveau délai de 48 heures est accordé, à partir du 16 courant, pour rapporter les armes des absents.

2° Les propriétaires, gérants ou régisseurs, et les concierges, en sont avertis.

3° Des perquisitions régulières seront faites passé ce délai et des poursuites commencées contre les contrevenants.

Paris, le 15 Mai 1871.

Pour le Comité de vigilance, et par délégation,

BOURLET, G. PIQUET, SCHMIDT.

Vu et approuvé :

Les Membres de la Commune,

E. VAILLANT, RAOUL RIGAULT.

PARIS. — 9141 imprimerie Jacquet, rue Saint-Honoré, 358.

COMMUNE DE PARIS

IVe ARRONDISSEMENT

Les Membres de la Commune, élus dans le IVᵉ Arrondissement,

Considérant qu'un grand nombre de Gardes nationaux ne portent pas sur leur képi le numéro du bataillon et de la compagnie auxquels ils appartiennent ;

Considérant que cette négligence, d'une part, favorise la mauvaise volonté des réfractaires, qui échappent ainsi à tout contrôle public, et que, d'autre part, elle pourrait permettre à un certain nombre d'ennemis de se glisser dans la Capitale, et d'y circuler sans crainte d'être inquiétés ni découverts, à l'abri sous un uniforme justement respecté.

ARRÊTENT :

Tous les Gardes nationaux, sans exception, devront porter sur leur képi le numéro du Bataillon et de la Compagnie auxquels ils appartiennent, ou les insignes particuliers de leur corps, quel qu'il soit (Artillerie, Génie, etc.).

Tout contrevenant au présent Arrêté sera immédiatement conduit à la Mairie pour y justifier de son identité, et sera soumis, s'il y a lieu, à une peine disciplinaire.

Le Chef de la Légion et le Conseil de Légion sont chargés, chacun en ce qui le concerne, de l'exécution du présent Arrêté.

Paris, le 15 mai 1871.

ARTHUR ARNOULD, LEFRANÇAIS, A. CLÉMENCE, E. GÉRARDIN, AMOUROUX.

442 Paris. Association générale typographique, rue du Faubourg-Saint-Denis, 49.

RÉPUBLIQUE FRANÇAISE
LIBERTÉ — ÉGALITÉ — FRATERNITÉ

COMMUNE DE PARIS
8ᵉ LÉGION

ORDRE FORMEL

Tous les Citoyens de 19 à 40 ans, faisant partie des 5ᵉ et 4ᵉ Bataillons, qui n'auront pas rejoint **IMMÉDIATEMENT** leur casernement à la caserne de la Pépinière, seront arrêtés et déférés **A LA COUR MARTIALE**. (*La peine encourue est celle de mort.*)

Trois Bataillons étrangers à l'Arrondissement sont mis à la disposition de la Légion pour faire exécuter cet ordre.

Paris, 17 mai 1871.

Vu et approuvé :
Les Membres du Bureau Militaire :
BAUCHE, BRESSLER, DENNEVILLE, LÉGALITÉ.

Le Lieutenant-Colonel Sous-Chef de Légion.
Chef d'État-Major :
AUGUSTE PETIT.

9144—PARIS, IMPRIMERIE JOUAUST, rue Saint-Honoré, 338.

RÉPUBLIQUE FRANÇAISE.

LE PRÉFET DE SEINE-ET-OISE, PAR INTÉRIM, AUX HABITANTS DE VERSAILLES.

Versailles, 17 Mai 1871, 7 h. du soir.

L'explosion formidable qu'on a entendue aujourd'hui vers 5 heures trois quarts provenait de la poudrière du Trocadéro. C'était le plus grand amas de poudre que les insurgés eussent dans Paris.

On ne sait pas encore précisément à quelle cause il faut attribuer l'explosion.

L. DE ROUVRAY.

Versailles. — Imp. de E. AUBERT, 6, avenue de Sceaux.

RÉPUBLIQUE FRANÇAISE.

LIBERTÉ, ÉGALITÉ, FRATERNITÉ.

COMMUNE DE PARIS.

VIᴱ ARRONDISSEMENT.

Les bombes et les obus des soi-disant *défenseurs de l'ordre* pleuvent sur nos quartiers excentriques.

De nombreuses familles sont obligées de quitter leurs maisons détruites pour venir chercher un refuge au centre de la ville. Nous leur devons une fraternelle hospitalité.

Déjà la Commune a pris des mesures générales, mais il incombe aux municipalités le soin de fournir des logements.

Dans notre arrondissement les locaux libres sont en grand nombre; il importe de les mettre immédiatement à la disposition de nos concitoyens qui viennent nous demander asile.

A cet effet, nous invitons les propriétaires et concierges des maisons où se trouvent des logements vacants ou abandonnés à venir en faire la déclaration à la Mairie dans le plus bref délai.

Tous les bons citoyens sont invités à contrôler et compléter, au besoin, les déclarations des propriétaires et concierges.

Les Membres de la Commune,

CH. BESLAY, E. VARLIN, COURBET.

Imprimerie de Mme Ve LOUCHARD-HUZARD, rue de l'Éperon, 5.

RÉPUBLIQUE FRANÇAISE

COMMUNE DE PARIS

MAIRIE DU IXᴹᴱ ARRONDISSEMENT

Aux Habitants du IXᵐᵉ Arrondissement

CITOYENS,

Nous assistons à un fait sans précédent ! Paris bombardé par ceux-là même qui, il y a deux mois, protestaient à la face du monde contre la barbarie Prussienne.

Les Victimes sont nombreuses; les obus n'ont épargné ni les Femmes, ni les Enfants.

De grands devoirs nous restent à accomplir.

Des *Ambulances municipales* vont être installées dans l'Arrondissement.

Nous avons dès à présent, grâce au concours empressé des Habitants, en quantité suffisante, des lits, des matelas et des couvertures. Mais il nous faut du linge pour faire des bandes, de la charpie, et surtout de l'argent pour secourir les Mères, les Femmes, les Enfants de ceux qui ont donné leur vie pour la défense de nos libertés.

Un bureau est installé à la Mairie pour recevoir le linge, la charpie et les dons en argent.

Au nom de la solidarité qui doit tous nous unir, je fais appel à votre patriotisme; au nom de l'humanité, je fais appel à vos cœurs.

L'Administrateur délégué au IXᵐᵉ Arrondissement,

BAYEUX DUMESNIL

Imprimerie de la Mairie du IXᵉ Arrondissement. — A. CHAIX et Cᵉ, rue Bergère, 20, à Paris. — 2672-1.

RÉPUBLIQUE FRANÇAISE
LIBERTÉ — ÉGALITÉ — FRATERNITÉ

COMMUNE DE PARIS

MAIRIE DU 3ᵉ ARRONDISSEMENT

MAISON DES ORPHELINS
DE LA COMMUNE DE L'ARRONDISSEMENT

CITOYENS,

Depuis le 4 septembre, il existait dans notre arrondissement une classe de déshérités recueillis un peu partout par des gens charitables, mais qui ne pouvaient, faute de moyens et de liberté d'action, leur donner le bien-être qui est dû à leur malheureuse situation.

Nous voulons parler des orphelins qui se trouvaient rue du Parc-Royal, 10, pour l'entretien desquels le bon vouloir et le patriotisme des habitants du 3ᵉ arrondissement ont suppléé jusqu'à ce jour à l'incurie de l'Administration.

Ces enfants sont restés pendant huit mois dans un local peu approprié à leurs besoins privés du nécessaire et des soins que l'on trouve dans la famille.

Eh bien! nous, Citoyens et Citoyennes, nous, « ces bandits, ces pillards, » comme nous appellent les gens de Versailles, sitôt arrivés en fonctions, nous nous sommes préoccupés de la situation de ces orphelins.

Les religieuses qui tenaient une école rue Vieille-du-Temple, 108, ayant fui devant la Commune, nous nous sommes emparés du local qu'elles occupaient, et l'avons approprié immédiatement à sa nouvelle destination. Avant-hier, nous menions quarante-sept jeunes garçons et jeunes filles dans cet endroit, où de bons soins leur seront prodigués, en même temps qu'une instruction morale et libre leur sera donnée par des professeurs indépendants de l'établissement.

Vous le savez comme nous, l'instruction est incompatible avec l'administration intérieure d'un orphelinat.

Préoccuper les professeurs de questions de cuisine et des soins à donner aux enfants, c'est abaisser le rôle sublime de l'instruction.

Nous ne voulons pas, en outre, que ces enfants soient isolés du reste de la société, et nous leur donnerons des compagnons qui viendront comme externes recevoir la même instruction qu'eux dans les mêmes classes.

Citoyens gardes nationaux, qui êtes appelés à la défense de nos libertés, soyez sans crainte sur l'avenir de vos enfants : si vous succombiez, la Commune les adoptera et nous les élèverons dans le souvenir du courage de leurs pères et dans la haine de l'oppression.

Citoyennes qui avez recours à l'assistance communale, gagnez les secours que nous vous accordons par le travail que vous ferez pour l'entretien de nos orphelins.

Et vous tous, commerçants et ouvriers, concourez avec nous à cette bonne œuvre, qui consiste à remplacer un établissement où florissait l'enseignement clérical par *notre Maison des Orphelins de la Commune!*

Les Membres de la Commune,
Ant. ARNAUD,
DEMAY,
Clovis DUPONT,
PINDY.

Les Membres de la Commune du 3ᵉ arrondissement

ARRÊTENT :

Les citoyens BIBAL, Président de la Commission des écoles du 3ᵉ arrondissement;
DUBARD,
DEDIOT père,
Léon JACOB, Secrétaire général,
sont nommés Membres de l'Administration de l'Orphelinat communal, sous la présidence des Membres de la Commune du 3ᵉ arrondissement.

Ant. ARNAUD,
DEMAY,
Clovis DUPONT.
PINDY.

IMPRIMERIE NATIONALE. — Mai 1871.

RÉPUBLIQUE FRANÇAISE
LIBERTÉ — ÉGALITÉ — FRATERNITÉ

COMMUNE DE PARIS

MAIRIE
DU

IVᴱ ARRONDISSEMENT

Les Membres de la Commune élus dans le 4ᵉ arrondissement, en vertu du principe démocratique qui exige que tout administrateur rende des comptes à ses administrés, et que tout mandataire politique rende compte de sa conduite devant ses mandants, convoquent les *Électeurs du 4ᵉ arrondissement pour samedi soir, 20 mai 1871, à huit heures,* au Théâtre-Lyrique.

On ne sera reçu que sur présentation d'une carte d'électeur ou de toute autre pièce constatant l'identité.

Paris, le 16 mai 1871.

Les Membres de la Commune,
AMOUROUX, Arthur ARNOULD, LEFRANÇAIS, CLÉMENCE, E. GÉRARDIN.

IMPRIMERIE NATIONALE.— Mai 1871

RÉPUBLIQUE FRANÇAISE
LIBERTÉ — ÉGALITÉ — FRATERNITÉ

COMMUNE DE PARIS

VOIRIE URBAINE

MAIRIE
DU

XIᴱ ARRONDISSEMENT

Les Délégués de la Mairie du XIᵉ arrondissement informent leurs administrés qu'en vue de faciliter et d'activer les rapports des intéressés avec le service de la voirie de Paris, et d'accord avec l'Architecte commissaire voyer délégué, des bureaux viennent d'être établis à cet effet à la Mairie de l'arrondissement.

En conséquence, outre les bureaux de l'Hôtel-de-Ville, on pourra adresser à la Mairie toutes les demandes *d'alignement, d'autorisation de construire, de réparations, ravalements, ouvertures, installations d'auvents, échoppes, lanternes, etc., Placements d'enseignes, écussons, etc,* et saillies sur la voie publique.

Celles concernant : les *cabinets et fosses d'aisances, étaux de boucherie, fournils de boulangerie, logements insalubres, bâtiments en péril, nettoyage de façades de maisons, etc., etc.,* et, en général, toutes les opérations de grande et petite voirie.

Les Délégués du XIᵉ arrondissement :
VERDURE, MORTIER, DELESCLUZE, AVRIAL, EUDES.

IMPRIMERIE NATIONALE.— Mai 1871.

RÉPUBLIQUE FRANÇAISE
LIBERTÉ — ÉGALITÉ — FRATERNITÉ

N° 342   N° 342

COMMUNE DE PARIS

APPEL
AUX OUVRIÈRES

Le Comité central de l'Union des femmes pour la défense de Paris et les soins aux blessés, chargé par la Commission de Travail et d'Échange de la Commune, de l'organisation du travail des femmes à Paris, de la constitution des chambres syndicales et fédérales des travailleuses unies,

Vu l'identité des chambres syndicales et fédérales des travailleurs, du groupement des ouvrières en sections de métier formant des associations productives libres, fédérées entre elles,

En conséquence, invite toutes les ouvrières à se réunir, aujourd'hui mercredi 17 mai, à la Bourse, à 7 heures du soir, afin de nommer des déléguées de chaque corporation pour constituer les chambres syndicales qui, à leur tour, enverront chacune deux déléguées pour la formation de la chambre fédérale des travailleuses.

Pour tous les renseignements, s'adresser au *Comité de l'Union des femmes*, institué et fonctionnant dans tous les arrondissements.

Siége du *Comité central de l'Union* : rue du Faubourg-Saint-Martin, à la Mairie du Xᵉ arrondissement.

<table>
<tr><td>Vu et approuvé :</td><td>La Commission exécutive du Comité central.</td></tr>
<tr><td>*Le Délégué au département du Travail et de l'Echange,*
Léo FRANKEL.</td><td>NATHALIE LE MEL.
ALINE JACQUIER.
LELOUP.
BLANCHE LÉFEVRE.
COLLIN.
JARRY.
ÉLISABETH DMITRIEFF.</td></tr>
</table>

✸ IMPRIMERIE NATIONALE. — Mai 1871,

No 343

RÉPUBLIQUE FRANÇAISE

LIBERTÉ — ÉGALITÉ — FRATERNITÉ

N° 343

COMMUNE DE PARIS

DÉLÉGATION DES FINANCES

En exécution du décret communal du **6 mai** courant, un nouveau tirage de quatre séries des articles à délivrer gratuitement par le **Mont-de-Piété** aura lieu, samedi prochain **20 mai** courant, à **2 heures** précises, dans la salle **Saint-Jean**, à l'**Hôtel-de-Ville**, en séance publique présidée par le citoyen **Lefrançais**, **Membre de la Commune.**

Paris, le 17 mai 1871.

Le Membre de la Commune délégué aux Finances,

JOURDE.

NOTA. — Les autres tirages seront annoncés par de nouvelles affiches.

IMPRIMERIE NATIONALE. — Mai 1871.

No 344

RÉPUBLIQUE FRANÇAISE

LIBERTÉ — ÉGALITÉ — FRATERNITÉ

N° 344

COMMUNE DE PARIS

MUSÉUM D'HISTOIRE NATURELLE

Les galeries d'Anatomie et d'Antropologie sont ouvertes au public, les jeudis et dimanches, de 9 heures du matin à 5 heures du soir, durant la saison d'été.

Elles sont ouvertes, pendant les mêmes heures, les mardis, mercredis, vendredis et samedis :

1° Aux étudiants, artistes et savants, munis d'autorisations spéciales permanentes délivrées par la Direction ou par la Délégation de la Commune au Muséum ;

2° Aux personnes munies de cartes d'entrée (valables pour un jour) émanant des mêmes sources ;

3° Aux étrangers porteurs de passe-ports.

Paris, le 17 mai 1871.

Le Délégué administratif de la Commune de Paris, au Muséum d'Histoire naturelle,

ERNEST MOULLÉ.

IMPRIMERIE NATIONALE. — Mai 1871.

N° 346

RÉPUBLIQUE FRANÇAISE

LIBERTÉ — ÉGALITÉ — FRATERNITÉ

N° 346

COMMUNE DE PARIS

MAIRIE
DU 3e ARRONDISSEMENT

Indemnité aux femmes, légitimes ou non, des Gardes nationaux.

CABINET
DU
CHEF DE LÉGION
DU
3e ARRONDISSEMENT

Citoyen Délégué à la Mairie du 3e arrondissement,

J'ai l'honneur de vous annoncer qu'en exécution d'un arrêté du Délégué à la Guerre, les sergents-majors doivent donner l'indemnité à toutes les femmes, légitimes ou non, des Gardes nationaux qui remplissent leurs devoirs de citoyens.

Salut et fraternité.

Le Chef de la 3e Légion,
Colonel SPINOY.

Les citoyennes qui recevaient l'indemnité de la Mairie sont invitées à se conformer à l'avis ci-dessus.

Les secours patriotiques que nous accordons chaque semaine ne seront plus à l'avenir distribués qu'aux pères, mères ou sœurs des Gardes nationaux dont les droits seront établis.

Paris, le 17 mai 1871.

Les Membres de la Commune,
Ant. ARNAUD,
DEMAY,
PINDY,
Clovis DUPONT.

IMPRIMERIE NATIONALE.— Mai 1871.

N° 345

RÉPUBLIQUE FRANÇAISE

LIBERTÉ — ÉGALITÉ — FRATERNITÉ

N° 345

COMMUNE DE PARIS

COMITÉ
DE SALUT PUBLIC

Le gouvernement de Versailles vient de se souiller d'un nouveau crime, le plus épouvantable et le plus lâche de tous.

Ses agents ont mis le feu à la cartoucherie de l'avenue Rapp et provoqué une explosion effroyable.

On évalue à plus de cent le nombre des victimes. Des femmes, un enfant à la mamelle, ont été mis en lambeaux.

Quatre des coupables sont entre les mains de la Sûreté générale.

Paris, le 27 floréal 1871.

Le Comité de Salut public,
Ant. ARNAUD, BILLIORAY, E. EUDES, F. GAMBON, G. RANVIER.

IMPRIMERIE NATIONALE.— Mai 1871.

RÉPUBLIQUE FRANÇAISE

LIBERTÉ — ÉGALITÉ — FRATERNITÉ

ORDRE

Le Chef de la 2me Légion prévient les Officiers des 8me et 11me Bataillons de ne plus sortir en tenue, ces Bataillons étant dissous.

Le désarmement s'étant opéré, il rend responsables les Chefs de Bataillon et les Commandants de Compagnie des armes qui seraient trouvées chez les Gardes nationaux absents ou présents de ces Bataillons.

Ordre formel aux Gardes nationaux de la 2me Légion d'avoir le numéro de leur Bataillon, ainsi que celui de leur Compagnie, sur leur képi. Tout Garde national contrevenant à cet ordre sera puni.

Paris, le 18 Mai 1871.

LE CHEF DE LA 2e LÉGION,

E. GRILL.

Paris. — Imprimerie LEFEVRE, passage du Caire, N° 29

No 347
RÉPUBLIQUE FRANÇAISE
LIBERTÉ — ÉGALITÉ — FRATERNITÉ
No 347

MAIRIE DU 3e ARRONDISSEMENT

ASSISTANCE COMMUNALE

SERVICE MÉDICAL

Nous avons l'honneur d'informer nos administrés que le service des consultations gratuites est rétabli ainsi qu'il suit :

CONSULTATIONS, à la Mairie :

Tous les mardis, à 1 heure, le docteur ESCOFFIER ;

Tous les mercredis, à 2 heures, le Dr ROCHETTE fils, rue du Vertbois, 40 ;

Tous les lundis, à 2 heures, le docteur ROCHETTE père ;

Tous les jeudis, à 1 heure, le docteur GUÉRARD.

Les pharmacies tenues par les sœurs sont supprimées. Nous organisons une pharmacie centrale qui fournira à tous les besoins de nos administrés.

Paris, le 17 mai 1871.

Les Membres de la Commune,

ANT. ARNAUD,
DEMAY,
Clovis DUPONT,
PINDY.

IMPRIMERIE NATIONALE. — Mai 1871.

RÉPUBLIQUE FRANÇAISE

LIBERTÉ — ÉGALITÉ — FRATERNITÉ

No 348   No 348

COMMUNE DE PARIS

MINISTÈRE DE LA GUERRE

DIRECTION DU GÉNIE

Les ouvriers qui savent faire des gabions, fascines et clayonnages peuvent se présenter tous les jours à la **Direction du Génie, 84, rue Saint-Dominique-Saint-Germain.**

Le prix de la journée qui leur sera alloué pour ce genre de travail est de 5 francs.

Les **Citoyens** qui veulent concourir à la défense de la République en travaillant aux ouvrages de défense de Paris, par la construction de barricades et de tranchées **A FORFAIT**, peuvent se présenter à la **Direction du génie, 84, rue Saint-Dominique-Saint-Germain.**

Paris, le 18 mai 1871.

2 IMPRIMERIE NATIONALE— Mai 1871.

RÉPUBLIQUE FRANÇAISE

LIBERTÉ — ÉGALITÉ — FRATERNITÉ

No 350   No 350

COMMUNE DE PARIS

SURVEILLANCE GÉNÉRALE

ET

CONTROLE DES CHEMINS DE FER

Le travail des exemptions de la Garde nationale à délivrer aux employés des chemins de fer se poursuit en ce moment dans les bureaux du Contrôleur général.

Ce travail est long et minutieux ; il n'a pu être fait aussi promptement qu'on l'aurait voulu, mais ce n'est pas une raison pour désorganiser le service des gares, et jusqu'à ce qu'il soit terminé, c'est-à-dire jusqu'à ce que les employés qui devront être mis à la disposition des légions soient désignés, il est interdit de les déranger en quoi que ce soit du service auquel ils sont attachés.

Paris, le 27 floréal an 79.

Le Contrôleur général des chemins de fer,

PAUL PIA.

APPROUVÉ :

Le Comité de Salut public.

IMPRIMERIE NATIONALE.— Mai 1871.

RÉPUBLIQUE FRANÇAISE

LIBERTÉ — ÉGALITÉ — FRATERNITÉ

COMMUNE DE PARIS

Aux Gardes nationaux de Paris

Vos ennemis, ne pouvant vous vaincre, voudraient vous déshonorer. Ils vous jettent les épithètes de brigands et de pillards, en ajoutant ainsi la calomnie à la série de leurs crimes. Répondre par la force à leurs attentats contre la République, voilà le brigandage; lutter pour le triomphe des franchises communales, voilà le pillage.

Bonapartistes, orléanistes et chouans sont ligués contre vous et n'ont de lien commun que leur haine pour la Révolution. Ils rêvent de rétablir un trône qui servirait de rempart à leurs priviléges, et ils voudraient écraser la République, garantie de tous les progrès, sous l'ignorance des campagnes qu'ils égarent ou corrompent.

Vous déjouerez leurs projets liberticides par votre discipline et votre héroïsme. Leurs trahisons nous ont empêchés de sauver l'intégrité de notre patrie, mais elles n'auront pas la puissance de nous rejeter sous le joug, même passager, d'une restauration monarchique.

Il faut que ces insurgés contre les droits du Peuple en prennent leur parti : nous réaliserons le sublime programme tracé par nos pères en 92. L'ordre dans la République, la liberté, l'égalité, la fraternité, ne demeureront pas lettre morte. La lutte soutenue en France depuis quatre-vingts ans contre le vieux monde va toucher à son dénoûment.

Si vous remplissiez vos devoirs, il n'est pas douteux : c'est Paris triomphant, ce sont les villes qui brûlent de suivre votre exemple, ce sont les campagnes élevées à la notion de leurs droits, c'est la République devenue inébranlable et affranchissant le Peuple de l'ignorance et de la misère, c'est une ère nouvelle ouverte à tous les progrès.

Si, au contraire, vous hésitiez ou vous reculiez, ce serait Paris livré aux vengeances féroces des sicaires de Versailles et noyé dans des flots de sang; ce serait la dévastation et le carnage dans toutes les rues, l'égorgement et la déportation des Républicains dans toute la France, le deuil de la République ajouté au deuil national, l'esclavage du citoyen greffé sur la Patrie démembrée, une rétrogradation effroyable dans toutes les orgies du royalisme.

Gardes nationaux! votre choix est fait : vous combattrez pour la République, pour votre salut, pour la plus noble des causes, et vous vaincrez!

VIVE LA RÉPUBLIQUE!

VIVE LA COMMUNE!

Paris, le 27 floréal, an 79.

LE COMITÉ DE SALUT PUBLIC.

2 IMPRIMERIE NATIONALE, — Mai 1871,

RÉPUBLIQUE FRANÇAISE
LIBERTÉ — ÉGALITÉ — FRATERNITÉ

N° 352   N° 352

COMMUNE DE PARIS

1ᵉʳ BATAILLON DES ÉCLAIREURS
DU
GÉNERAL EUDES
EN FORMATION
CASERNE BABYLONE, RUE DE BABYLONE

Enrôlements tous les jours, de 9 heures du matin à 5 heures du soir.

Solde et vivres de campagne.

Armement à tir rapide.

Départ dans le plus bref délai.

Paris, le 18 mai 1871.

Le Commandant,
A. PELICOT,
Ancien Capitaine dans le 1ᵉʳ bataillon des Francs-Tireurs de Paris.

IMPRIMERIE NATIONALE. — MAI 1871.

RÉPUBLIQUE FRANÇAISE
LIBERTÉ — ÉGALITÉ — SOLIDARITÉ

COMMUNE DE PARIS

Iᵉʳ ARRONDISSEMENT

AVIS

Les citoyens membres de la Commune, délégués du 1ᵉʳ arrondissement, ont l'honneur de vous rappeler qu'il est expressément interdit d'accepter les réquisitions ne portant pas le timbre de la mairie et la signature de l'un des délégués.

Paris, le 18 Mai 1871.

Le Membre de la Commune,
Dʳ PILLOT.

1503. Association générale typographique, faub. St-Denis, 19

RÉPUBLIQUE FRANÇAISE
LIBERTÉ — ÉGALITÉ — FRATERNITÉ

VENGEURS DE PARIS

Le Lieutenant-Colonel Francfort, commandant les 1er et 2e Bataillons des **Vengeurs de Paris**, fait un appel aux Citoyens volontaires voulant concourir à la défense de la Commune et à la vengeance de nos frères morts pour la liberté sociale et républicaine.

Solde et vivres de campagne alloués par la Commune, habillement, équipement et armement immédiat avec fusils à tir rapide.

BUREAUX D'ENROLEMENTS } **Rue de Clichy, 92.**
Chaussée Clignancourt, 32 & 34 (Montmartre)

DÉPOT : Avenue de la Bourdonnaye, 52 (Champ-de-Mars).

VU ET APPROUVÉ :   Champ-de-Mars, à Paris, 18 Mai 1871.

Le Colonel d'État-Major, commandant le Champ-de-Mars,   *Le Lieutenant-Colonel, commandant les Bataillons,*
VINOT.   **FRANCFORT.**

Imprimerie C. **BUTOT** jeune, passage du Caire, 72.

RÉPUBLIQUE FRANÇAISE
ENROLEMENT
DES
TIRAILLEURS DE LA COMMUNE

A cette heure de péril extrême, nous faisons appel à tous les dévouements; nous enrôlons tous ceux qui veulent combattre pour la liberté, qui sont prêts à mourir pour la Révolution sociale.

Nous avons inscrit sur notre drapeau ce titre : *Tirailleurs de la Commune.*

Nous lui serons fidèles jusqu'à la dernière minute; nous serons sur toutes les brèches où il faudra la défendre.

Que tous ceux dont le cœur se soulève au récit des infamies de Versailles, que tous ceux qui souffrent des misères de Paris viennent à nous.

Les chefs des Tirailleurs de la Commune, ont partout affirmé leurs convictions et leur courage. C'est sur le champ de bataille qu'ils ont été élus : ils sauront vous conduire, ils sauront vous donner l'exemple.

AUX ARMES !

ON ENROLE TOUS LES JOURS DE 9 HEURES DU MATIN A 6 HEURES DU SOIR

BUREAUX : 10, rue Sainte-Anne, et 13, rue de la Montagne-Sainte-Geneviève

La paye est de 1 fr. 50 par jour; on reçoit des vivres de campagne et l'on est de suite équipé pour marcher. Pour tout citoyen, s'enrôlant au bataillon, les femmes perçoivent la solde de 75 centimes par jour accordée par la Commune.

Vive la République! Vive la Commune !
WOLFERS,   RICHARD,
Commandant   *Capitaine Adjudant-Major.*

1008. — Paris. — Imp. Vallée, 16, r. du Croissant.

RÉPUBLIQUE FRANÇAISE
LIBERTÉ — ÉGALITÉ — FRATERNITÉ

N° 353

COMMUNE DE PARIS

COMITÉ
DE SALUT PUBLIC

Des ordres donnés par le Comité de Salut public n'ont pas été exécutés parce que telles ou telles signatures n'y figuraient pas.

Le Comité de Salut public prévient les Officiers de tous rangs, à quelque corps qu'ils appartiennent, ainsi que tous les Citoyens, que le refus d'exécuter un ordre émané de lui entraînera le renvoi immédiat du coupable devant la Cour martiale sous l'inculpation de haute trahison.

Hôtel-de-Ville, le 28 floréal an 79.

Le Comité de Salut public,

ANT. ARNAUD, BILLIORAY, E. EUDES,
J. GAMBON, G. RANVIER.

2 IMPRIMERIE NATIONALE.— Mai 1871.

RÉPUBLIQUE FRANÇAISE
LIBERTÉ — ÉGALITÉ — FRATERNITÉ

N° 354

COMMUNE DE PARIS

Le Membre de la Commune délégué aux Services publics.

Considérant qu'il est indispensable qu'une mesure uniforme soit adoptée par tous les arrondissements de Paris, en ce qui concerne le payement des logements dus aux maîtres d'hôtel,

ARRÊTE :

Il ne sera payé, jusqu'à nouvel ordre, aux maîtres d'hôtel aucune réquisition de logements antérieure au 18 mars.

La vérification des créances postérieures au 18 mars se fera au bureau du Vérificateur (Ministère des Finances), et aucun payement ne sera effectué sans le visa du Chef vérificateur.

En conséquence, il est formellement interdit aux caissiers des municipalités de Paris, chargés de ce service, de solder tout ou partie de ce qui peut être dû avant le 18 mars.

Tout compte présenté à la vérification devra être accompagné des bons et pièces justificatives.

Paris, le 18 mai 1871.

Le Membre de la Commune délégué
aux Services publics,
J. ANDRIEU.

Le Chef du bureau des Vérificateurs,
HAMLET.

2 IMPRIMERIE NATIONALE.— Mai 1871.

RÉPUBLIQUE FRANÇAISE

LIBERTÉ — ÉGALITÉ — FRATERNITÉ

COMMUNE DE PARIS

BATAILLON

DES

ÉCLAIREURS FÉDÉRÉS

Le but du Bataillon étant de prévenir toute surprise sur nos troupes, de harceler continuellement l'ennemi afin de donner des renseignements à l'état-major général sur les positions et les forces ennemies, les Citoyens vraiment patriotes qui comprennent le mandat impérieux qui leur est imposé sont invités à prendre les renseignements nécessaires avant de contracter un engagement.

Le bataillon des Éclaireurs fédérés suivra les traces des guérillas espagnols.

Il faut affronter tous les périls, tous les dangers, toutes les privations; il faut, enfin, tout sacrifier à la République.

Que celui qui se sent la force morale et physique de remplir cette mission se hâte de prendre place dans nos rangs.

La solde allouée aux Volontaires est fixée à DEUX FRANCS par jour et les vivres.

Les Sous-Officiers et les Officiers auront la solde de la Garde nationale.

Les femmes des Volontaires recevront la même indemnité que dans la Garde nationale.

Enrôlement : rue des Prêtres-Saint-Germain-l'Auxerrois, 10 (ancienne École des frères), de 9 heures du matin à 5 heures du soir.

Armement (chassepots), habillement, campement immédiats.

Paris, le 18 mai 1871.
MERCIER, J. TRÈVES, DARRÉ, FONTAINE, DECHOLLES.

Vu et Approuvé par ordre du Général EUDES :
Le Colonel, Chef d'Etat-major,
COLLET.

Dr Constantin CHARALAMBO,
Chirurgien-Major.

IMPRIMERIE NATIONALE. — Mai 1871.

RÉPUBLIQUE FRANÇAISE

N° 356   LIBERTÉ — ÉGALITÉ — FRATERNITÉ   N° 356

COMMUNE DE PARIS

MAIRIE DU X° ARRONDISSEMENT

OUVERTURE
DE LA VENTE MUNICIPALE
DE

LAIT CONDENSÉ
DANS LA COUR DE LA CASERNE DE SAPEURS-POMPIERS
RUE DU CHATEAU-D'EAU, 68

PRIX :

Demi-litre . . . . . 20 cent.
Litre . . . . 40 cent.

La vente aura lieu de 6 heures à 10 heures.
Il sera fait, en temps opportun, une distribution gratuite à qui de droit.

MULLER,
Préposé à ce service.

IMPRIMERIE NATIONALE.—Mai 1871.

RÉPUBLIQUE FRANÇAISE

N° 359   LIBERTÉ — ÉGALITÉ — FRATERNITÉ   N° 359

COMMUNE DE PARIS

MINISTÈRE DE LA GUERRE

DIRECTION DU GÉNIE

Les entrepreneurs de terrassement, de maçonnerie, de serrurerie, de charpente, de constructions mécaniques, sont convoqués à la Direction du Génie, rue Saint-Dominique-Saint-Germain, 84, le vendredi 19 mai, à 1 heure de relevée.

Paris, le 18 mai 1871.

IMPRIMERIE NATIONALE.— Mai 1871.

République Française

LIBERTÉ, ÉGALITÉ, FRATERNITÉ

COMMUNE DE PARIS

18ME ARRONDISSEMENT

Vu la guerre odieuse que les Versaillais font au peuple de Paris.

Vu qu'ils n'hésitent pas à tirer sur des enfants, des femmes et des vieillards.

Que le peuple déjà si pauvre, si éprouvé par tant de mois de luttes est bombardé chez lui par ceux qui l'on affamé et vendu.

Que par ces faits monstrueux des familles entières se trouveraient sur le pavé.

Que les propriétaires et les concierges ne se sont pas rendus à l'appel fraternel que nous leur avons adressé.

Que tous ceux qui ont fui ont déserté la cause du peuple, que se sont des indifférents ou des ennnemis.

Les membres de la Commune délégués au 18e arrondissement, arrêtent :

1º Les logements, appartements et chambres garnis de meubles, abandonnés, appartenant aux fuyards sont réquisitionnés et mis à la disposition des citoyens dont le mobilier aura été atteint par un obus Versaillais, et cela après enquête.

2º Les propriétaires et les concierges qui ne viendront pas aujourd'hui même à la Mairie faire la déclaration des locaux vacants et inoccupés qu'ils ont dans leur maison seront poursuivis.

3º Aucun propriétaire ni concierge ne pourra se refuser de loger les Citoyens munis d'un bon de réquisition émanant de la Mairie, sans encourir les peines les plus sévères.

La garde nationale, les Commissaires de police, toutes les autorités communales sont chargés et se chargent de la stricte exécution du présent arrêté.

Paris, le 19 mai 1871.

S. DEREURE, J.-B. CLÉMENT.

Membres de la Commune.

Paris. Imp. S. BLOC. Montmartre.

RÉPUBLIQUE FRANÇAISE

LIBERTÉ — ÉGALITÉ — FRATERNITÉ

COMMUNE DE PARIS

Xᴱ ARRONDISSEMENT

DEUXIÈME RAPPORT

SUR LA RECHERCHE DES CRIMES COMMIS A L'ÉGLISE SAINT-LAURENT

NOTICE

LE PASSÉ

Dès les premiers siècles de la monarchie française, l'église Saint-Laurent fut édifiée où se trouve aujourd'hui le couvent de Saint-Lazare. Plus tard, cette paroisse fut transportée de l'autre côté de la route, c'est-à-dire dans le cimetière, place qu'elle occupe encore aujourd'hui.

La première pensée qui vient à l'esprit, c'est qu'un conduit souterrain devait exister entre Saint-Lazare et l'église actuelle, ainsi qu'il en a toujours existé entre les maisons religieuses des deux sexes, pour faciliter les orgies de la gent cléricale. Il en était de même pour les châteaux féodaux, où des passages secrets permettaient de s'échapper aux heures de danger. Partant de là, rien de plus compréhensible, rien de plus saisissant que la déduction qui en jaillit.

Grâce au voisinage de Saint-Lazare, l'église Saint-Laurent était pourvue d'autant de femmes ou jeunes filles que ces de Sade tonsurés pouvaient en désirer. Le mécanisme était le plus simples : Ou l'objet convoité était enlevé, ou bien une banale accusation de sorti-

lège, d'adultère ou d'impiété était invoquée, et l'accusée, femme ou fille, était cloîtrée, circonvenue et livrée sans défense possible à ces monstres de luxure. La famille même cessait d'être une sauvegarde, car la recluse, étant soustraite à tous les regards, passait pour s'être volontairement retirée du monde dans un esprit de repentir.

Les établissements séquestrant les femmes étaient multiples. Combien d'orphelinats, de couvents, de refuges ! Ces débauchés n'avaient que l'embarras du choix, et les victimes marquées, les supérieures de ces établissements s'empressaient de les livrer. D'ailleurs, la résistance leur était impossible, car il y allait de leur intérêt, et même de leur vie qui était en jeu. On sait que l'influence des prêtres était irrésistible : leur caractère sacré, l'acquiescement des chefs de famille, leur puissance absolue, leurs vœux imprudents ou forcés, la crainte de leur vindication, puis l'imagination et le tempérament, tout leur venait en aide ; tout concourait à leur triomphe odieux. Bref, l'épouse ou la jeune fille disparaissait de la société sans laisser de trace, et tout était au mieux pour l'âme des victimes ainsi que pour la sainte cause ; c'était encore le Parc-aux-Cerfs, mais abrité par le ciel.

Malheur à l'écrivain assez osé pour soulever un coin du voile ! pour lui, dans le passé, c'était la torture et la mort ; et encore aujourd'hui, la ruine, la prison et l'anathème des privilégiés. Ce ne sont pas là de vaines allégations, c'est la rigoureuse appréciation des faits.

LE PRÉSENT

Mais admettons qu'en ces derniers temps le passage souterrain n'existait plus ; supposons que l'épouse ou la jeune fille arrivait aux bras de ces hypocrites par la grande porte, sous l'influence abusive des sacrements, en passant par le confessionnal ou la sacristie, peu importe ! Paris tout entier ne s'en lèvera pas moins indigné !... navré !... Qu'il descende dans la crypte placée derrière le chœur : là, un spectacle sans nom frappera ses yeux ! des cris déchirants se feront entendre !... Ecoutez :...

« Les prêtres, nos bourreaux impitoyables, après nous avoir attirées ici par force ou par ruse, après avoir assouvi sur nous leur brutale lubricité, se lassèrent bientôt ; alors il nous fallut faire place à de plus jeunes ou de plus belles ; puis, après les outrages d'une dernière orgie, nous fûmes endormies par l'effet d'un puissant narcotique, livrées sans résistance possible à ces monstres, qui nous dépouillèrent de nos vêtements et nous lièrent si fortement, que l'on peut voir encore la contraction des os les uns contre les autres. Au bout d'un certain temps, l'ivresse du narcotique s'étant dissipée, le sentiment de l'existence nous revint ;

des terreurs, des angoisses inexprimables nous saisirent ; nous cherchâmes d'instinct à nous dégager des liens et de la terre qui nous oppressaient ! Vains efforts, nos liens nous paralysaient ; seule, notre tête put se tordre sous la terre encore molle ; nous essayâmes d'aspirer le peu d'air ambiant provenant d'un escalier et d'un soupirail ; c'est pourquoi toutes nos têtes sont tournées vers ces issues, cherchant à boire le peu d'air s'infiltrant entre les interstices de la terre. Comprenez notre agonie, notre lutte contre l'étouffement produit par la terre emplissant notre bouche à chaque effort tenté pour respirer. Touchez nos mâchoires contusionnées et horriblement ouvertes. Autant de cadavres, autant de martyres !... Flétrissez, maudissez nos bourreaux ! Le crime impuni est là !... visible !... palpable !... écrasant ! Faites-vous justiciers ! Soyez nos vengeurs ! »

...Elle vient enfin, la *Justice majestueuse, inexorable*; elle arrive ! Car rien ne l'arrête, ni le temps, ni l'espace ! Elle porte en ses mains la balance et le glaive étincelant. Ah ! misérables ! vous pensiez être à l'abri de toute revendication ; mais c'est en vain que vous aviez rempli la crypte de nos os de nos aïeux ; des mains hardies, des mains vengeresses, les ont soulevés et mis à nu la tombe accusatrice. L'heure terrible sonne enfin pour vous ! L'avenir confesse le passé ! Les pages de votre histoire s'imprimeront avec du sang et seront lues à la lueur sinistre de vos bûchers.

Après avoir vidé l'ossuaire, après avoir dégagé l'humus enveloppant ces restes terrifiants, la science calme et froide est venue constater que ces débris appartenaient tous à des infortunés enterrés depuis moins de dix ans. Or, le règne du dernier curé en a duré dix-sept. Mais qu'importe la date du crime, il n'y a point de prescription pour lui.

Oh justice ! si tu mesures la grandeur de la peine à celle du forfait, ton glaive s'émoussera, surtout si tu nombres les victimes pressées et superposées ; les mots seront impuissants pour exprimer ton indignation, pour écrire ton enquête !

.....Et toi, Peuple de Paris, peuple intelligent, brave et sympathique, viens en foule contempler ce que deviennent tes femmes et tes filles aux mains de ces infâmes ; viens les reconnaître, les compter, elles sont tiennes. Ouvriras-tu enfin les yeux sur les faits et gestes de ces corrupteurs de l'esprit, de ces assassins du corps ! Persisteras-tu dans ton aveugle apathie ; laisseras-tu toujours tes femmes, tes filles, hanter leurs églises, ces lupanars occultes ? Ah ! si ta colère n'éclate pas, si tes yeux ne flamboient, si tes mains ne se crispent, fais alors comme Charles-Quint, couche-toi, vivant, dans ton cercueil.

Mais non, tu comprendras, tu te lèveras comme Lazare ! tu couronneras la femme des rayons de l'intelligence, sans quoi point de salut pour le monde ; surtout, tu feras bonne garde devant ce charnier, durant un siècle s'il le faut !... Ce sera ton phare lumineux pour guider l'humanité jusqu'à l'heure suprême de l'association de toutes les sublimes harmonies !

Paris, le 3 Mai 1871.

Pour la Municipalité,
LEROUDIER.

IMPRIMERIE NATIONALE. — Mai 1871.

RÉPUBLIQUE FRANÇAISE

N° 358   LIBERTÉ — ÉGALITÉ — FRATERNITÉ   N° 358

COMMUNE DE PARIS

ADMINISTRATION DE LA GUERRE

Le Comité central, pour seconder énergiquement la défense et mener à bien la tâche que les circonstances lui ont imposée, réclame le concours de tous les Délégués de la Fédération.

Mais il importe de mettre fin à la confusion qui règne dans les attributions de divers groupes de la Fédération de la Garde nationale, confusion qui a pour résultat d'entraver la marche des divers services et de créer des dissentiments graves entre les citoyens. Le Comité central croit donc devoir rappeler en termes généraux quel est le rôle de la délégation.

Toute délégation ayant généralement pour but d'exprimer les désirs, les besoins, les plaintes et les revendications du groupe qu'elle représente, les Délégués doivent, autant que possible, être choisis parmi les citoyens expérimentés et fermes. Ils doivent avoir bien plus en vue de pacifier les différends que de les aggraver. Sentinelles vigilantes du droit, leur rôle peut se résumer dans les mots suivants : *Contrôle, Intermédiaire, Justice.*

Les Délégués doivent profiter de l'autorité morale dont ils jouissent pour fortifier l'autorité des chefs, et tous leurs efforts doivent tendre à unir étroitement les chefs et les citoyens gardes. Ils ne sauraient dans aucune circonstance intervenir dans le commandement ni dans l'exécution des ordres; autrement la position des chefs deviendrait intolérable, leur autorité nulle, la discipline impossible, et la perte de notre cause serait assurée. Voir et signaler, telles sont leurs fonctions; être bienveillants sans cependant cesser d'être énergiques, tels sont leurs devoirs.

En se conformant à ce rôle, les Délégués peuvent rendre des services immédiats et inappréciables à la cause communale et républicaine.

Le Comité central prépare les moyens d'utiliser toutes les ressources de contrôle, toutes les forces morales et révolutionnaires que lui offre la Fédération.

Tous les cercles ou groupes de la Fédération vont recevoir des instructions précises réglant leurs attributions propres, et établissant les relations nécessaires entre eux et le Comité central.

Paris, le 28 floréal an 79.

Pour le Comité central et par délégation,
La Commission d'organisation :
BAROUD, E. LACORD, TOURNOIS.

IMPRIMERIE NATIONALE. — Mai 1871.

RÉPUBLIQUE FRANÇAISE

LIBERTÉ — ÉGALITÉ — FRATERNITÉ

COMMUNE DE PARIS

FÉDÉRATION RÉPUBLICAINE
DE LA GARDE NATIONALE

COMITÉ CENTRAL

Au Peuple de Paris,
A la Garde nationale.

Des bruits de dissidence entre la majorité de la Commune et le Comité central ont été répandus par nos ennemis communs avec une persistance qu'il faut, une fois pour toutes, réduire à néant par une sorte de pacte public.

Le Comité central, préposé par le Comité de Salut public à l'administration de la Guerre, entre en fonctions à partir de ce jour.

Lui, qui a porté le drapeau de la Révolution communale, n'a ni changé, ni dégénéré. Il est à cette heure ce qu'il était hier : le défenseur né de la Commune, la force qui se met en ses mains, l'ennemi armé de la guerre civile, la sentinelle mise par le Peuple auprès des droits qu'il s'est conquis.

Au nom donc de la Commune et du Comité central, qui signent ce pacte de la bonne foi, que les soupçons et les calomnies inconscientes disparaissent, que les cœurs battent, que les bras s'arment et que la grande cause sociale pour laquelle nous combattons tous triomphe dans l'union et la fraternité.

VIVE LA RÉPUBLIQUE!
VIVE LA COMMUNE!
VIVE LA FÉDÉRATION COMMUNALE!

Paris, le 19 mai 1871.

La Commission de la Commune,
BERGERET, CHAMPY, GERESME, LEDROIT, LONCLAS, URBAIN.

Le Comité central,
MOREAU, PIAT, B. LACORRE, GEOFROY, GOUHIER, PRUDHOMME, GAUDIER, FABRE, TIERSONNIER, BONNEFOY, LACORD, TOURNOIS, BAROUD, ROUSSEAU, LAROQUE, MARECHAL, BISSON, OUZELOT, BRIN, MARCEAU, LÉVÈQUE, CHOUTEAU, AVOINE fils, NAVARRE, HUSSON, LAGARDÉ, AUDOYNAUD, HANSER, SOUDRY, LAVALLETTE, CHÂTEAU, VALATS, PATRIS, FOUGERET, MILLET, BOULLENGER, BOUIT, DUCAMP, GRELIER, DREVET.

IMPRIMERIE NATIONALE — Mai 1871.

MUR. COM. 68

RÉPUBLIQUE FRANÇAISE
LIBERTÉ — ÉGALITÉ — FRATERNITÉ

N° 362

N° 362

COMMUNE DE PARIS

DÉPÊCHES
DE GUERRE A SALUT PUBLIC

Paris, le 18 mai 1871.

8 heures du soir.

Reçoit de Porte-Maillot la dépêche suivante :

Ce matin, 3 heures, vive fusillade, bois de Boulogne, attaque très-vive. J'ai donné l'ordre de tirer pour protéger l'action; l'ennemi a battu en retraite à 4 heures. Le feu du Mont-Valérien couvrait la Porte-Maillot et n'a eu aucun résultat, sauf deux hommes blessés à l'avancée. J'ai ordonné un tir à toute volée quand l'ennemi a été en pleine déroute. Tous nos efforts couronnés de succès. L'ennemi attaque de nouveau; nous ripostons avec vigueur. Artillerie fait merveille.

8 heures du soir

Recevons de MATHIEU la dépêche suivante :

Le combat de ce matin a été livré par nous pour enlever les positions de Versailles. Nous avons trois hommes tués et Versailles au moins cent soixante. Trouée au bois de Boulogne; grand succès. Le combat d'artillerie continue.

Le Colonel,
MATHIEU.

8 heures 40 soir.

Capitaine d'état-major arrive au grand galop de la Muette. Versaillais chassés des tranchées à moitié détruites.

19 mai 1871, 1 heure 10 minutes.

Nous recevons dépêche d'Arc-de-Triomphe :

Plus de feu, plus d'attaque; croyons les Versaillais repoussés.

Signé DELESCLUZE.

IMPRIMERIE NATIONALE. — Mai 1871.

RÉPUBLIQUE FRANÇAISE

LIBERTÉ — ÉGALITÉ — FRATERNITÉ

COMMUNE DE PARIS

COMITÉ DE SALUT PUBLIC

RAPPORT

DU DÉLÉGUÉ CIVIL A LA GUERRE

AU COMITÉ DE SALUT PUBLIC

Avant-hier, vous appreniez l'épouvantable forfait commis dans nos murs par nos infâmes ennemis, et vos cœurs patriotiques ont frémi d'indignation contre les coupables, et de douleur pour tant d'innocentes victimes.

La Cour martiale est saisie.

Justice sera faite sans retard.

Aujourd'hui, nous ne pouvons encore vous donner le nombre exact des victimes, lequel, heureusement, est bien au-dessous de ce qu'on avait à craindre.

Les constatations se poursuivent et le résultat vous en sera communiqué. Il reste à faire connaître les noms des citoyens dont les courageux efforts sont au-dessus de tout éloge.

Les pompiers de la Commune ont, dans cette douloureuse circonstance, montré le dévouement qui leur est habituel; les premiers qui ont pénétré dans la fournaise, alors que les explosions n'avaient pas cessé, sont les citoyens:

ALICAUD, caporal pompier, 5e compagnie; DEMER, sapeur; BUFFLOT, caporal.

Puis, sont accourus, presque en même temps, les citoyens DUBOIS, capitaine de la flottille; JAGOT, marin, FROMAYE (Louis), chasseur; BOISSEAU, Chef du personnel à la délégation de la marine; FÉVRIER, commandant une batterie flottante.

Grâce à leur héroïsme, des fourgons chargés de cartouches, dont les roues commençaient à s'enflammer, ainsi que des tonneaux de poudre, ont été retirés du foyer de l'incendie.

Nous ne parlons pas du sauvetage des blessés et des habitants ensevelis prisonniers dans leurs maisons réduites en débris. Pompiers et citoyens ont, à cet égard, rivalisé de courage et de dévouement.

Les citoyens AVRIAL, SICARD et JOHANNARD, membres de la Commune, étaient aussi des premiers sur le lieu du danger. Douze chirurgiens de la Garde nationale se sont rendus à l'avenue Rapp et ont organisé le service médical avec un empressement que je ne saurais trop louer.

En somme, quelques cadavres, une cinquantaine de blessés, et la plupart des blessures sont légères. Voilà tout ce qu'auront gagné les hommes de Versailles.

La perte en matériel est sans importance eu égard aux immenses approvisionnements dont nous disposons; il ne restera à nos ennemis que la honte d'un crime aussi inutile qu'odieux, lequel, ajouté à tant d'autres, à défaut de nos invincibles moyens de défense, suffirait à tout jamais pour leur fermer les portes de Paris.

Tout le monde a fait plus que son devoir. Nous aurons peu de morts à déplorer.

Le 28 floréal an 79.

Le Délégué civil à la Guerre,

DELESCLUZE.

IMPRIMERIE NATIONALE. — Mai 1871.

RÉPUBLIQUE FRANÇAISE

LIBERTÉ — ÉGALITÉ — FRATERNITÉ

COMMUNE DE PARIS

MAIRIE DU 3ᴱ ARRONDISSEMENT

RAPPORT DE LA COMMISSION D'ENQUÊTE DU 3ᴱ ARRONDISSEMENT
POUR LES PENSIONS AUX VICTIMES DES LIBERTÉS COMMUNALES

CITOYENS MEMBRES DE LA COMMUNE,

Nous avons l'honneur de vous adresser notre rapport concernant les pensions accordées jusqu'à ce jour aux victimes de la défense des libertés communales, et les secours remis aux blessés.

Nous avons liquidé, jusqu'au 15 courant, trente et une pensions, se montant par an à *trente-quatre mille cent francs*, soit *deux mille huit cent quarante et un francs soixante cinq centimes*, que nous avons payés, pour un mois, aux citoyennes ou citoyens dont les noms suivent :

Abadie, artillerie.	1,165 fr.	Lambert, 144ᵉ bataillon.	800 fr.
Albutroff, 87ᵉ bataillon.	1,000	Larmignat, 144ᵉ.	600
Andermahr, 3ᵉ marin.	1,665	Lecomte, 88ᵉ.	2,060
Arnould, 144ᵉ bataillon.	800	Leprince, 144ᵉ.	600
Bondon, 88ᵉ.	1,330	Lesemple, artillerie.	1,330
Bauër, 86ᵉ.	1,695	Lejeay, 145ᵉ bataillon.	600
Bellois, 88ᵉ.	1,330	Masse, 144ᵉ.	1,695
Boutellier, 85ᵉ.	600	Néolier, 205ᵉ.	1,330
Charpentier, 1ᵉʳ éclaireurs.	1,000	Nicolas, 144ᵉ.	665
Chassé, 88ᵉ bataillon.	965	Patelet, 144ᵉ.	600
Darceot, 87ᵉ.	1,330	Pernot, 144ᵉ.	600
Gaide, 144ᵉ.	800	Petit, 86ᵉ.	2,060
Grelle, 55ᵉ.	965	Pinsard, 205ᵉ.	960
Gretz, 144ᵉ.	600	Poloneau, 56ᵉ.	1,530
Guette, 144ᵉ.	965	Valeton, 144ᵉ.	600
Korn, estafette.	2,060		

Vous nous avez donné avis que jusqu'au 15, le montant des souscriptions était de *trois mille soixante* francs *soixante et dix* centimes.

Voici les secours en argent que nous avons accordés aux blessés :

1ᵉʳ mai.	Abadie, artillerie.	25 fr.			Report.	825 fr.	
1ᵉʳ —	Albutroff, 87ᵉ bataillon.	40	4 mai.	Desoye, 88ᵉ bataillon	15	2 mai.	Lejay, 143ᵉ bataillon.	1,680 fr.
5 —	Anguy, 86ᵉ.	15	8 —	Idem.	25	7 —	Lemaire, 86ᵉ.	20
29 avril.	Arnould, 144ᵉ.	10	6 —	Dratse, 88ᵉ.	40	13 —	Idem.	30
1ᵉʳ mai.	Idem.	15	10 —	Idem.	30	5 —	Leprince, 144ᵉ.	25
9 —	Anth, 145ᵉ.	20	1ᵉʳ —	Dubail, 88ᵉ.	15	13 —	Leroy (Louis), 205ᵉ.	25
13 —	Babbé, 88ᵉ.	50	11 —	Duiy, 55.	40	13 —	Leroy (Auguste), 205ᵉ.	50
7 —	Bauër, 85ᵉ.	30	6 —	Favre, 205ᵉ.	15	10 —	Lesueur, 86ᵉ.	15
4 —	Banséano, 205ᵉ.	25	11 —	Idem.	35	15 —	Lévy, 88ᵉ.	30
26 avril.	Bellois, 88ᵉ.	10	2 —	Febvre, 145ᵉ.	25	12 —	Macron, 88ᵉ.	50
1ᵉʳ mai.	Idem.	15	9 —	Fontas, 205ᵉ.	20	12 —	Moignon, 88ᵉ.	25
8 —	Bernier, 85ᵉ.	25	10 —	Fourcaut, 144ᵉ.	30	1ᵉʳ —	Marandas, 87ᵉ.	25
13 —	Biord.	25	10 —	François, 86ᵉ.	30	4 —	Idem.	15
4 —	Bondeau, 87ᵉ.	10	4 —	Fromageau, 86ᵉ.	25	2 —	Masse, 144ᵉ.	40
29 avril.	Bouton, 88ᵉ.	15	9 —	Fréville, 55ᵉ.	25	8 —	Masson.	25
3 mai.	Idem.	10	3 —	Gachon, 87ᵉ.	40	3 —	Néolier.	25
5 —	Idem.	25	2 —	Gaide, 144ᵉ.	25	13 —	Neveu, 205ᵉ.	25
9 —	Bouquet, 205ᵉ.	15	13 —	Gardé, 88ᵉ.	10	1ᵉʳ —	Patelet, 144ᵉ.	25
29 avril.	Burguière, 87ᵉ.	10	7 —	Gaulois, 88ᵉ.	25	1ᵉʳ —	Pernet, 144ᵉ.	25
3 mai.	Idem.	15	5 —	Grelle, 55ᵉ.	25	4 —	Idem.	15
15 —	Caunès, 55ᵉ.	50	8 —	Gretz, 144ᵉ.	30	3 —	Petit, 86ᵉ.	40
11 —	Challou, 55ᵉ.	50	2 —	Guette, 144ᵉ.	25	6 —	Piau, 205ᵉ.	25
2 —	Chamant, 5ᵉ batterie (art.).	25	13 —	Guidon, 86ᵉ.	26	2 —	Pinsard, 205ᵉ.	15
4 —	Charvet, 87ᵉ.	10	9 —	Hébrard, 55ᵉ.	25	9 —	Roger, 144ᵉ.	50
4 —	Chassé, 88ᵉ.	25	12 —	Henri, 114ᵉ.	50	10 —	Rouy, 86ᵉ.	50
1ᵉʳ —	Claray, 87ᵉ bataillon.	25	6 —	Hugues, 88ᵉ.	15	8 —	Staimer, 144ᵉ.	50
11 —	Colney, 205ᵉ.	30	11 —	Isambert, 88ᵉ.	10	5 —	Strobant, 86ᵉ.	15
12 —	Combes, 145ᵉ.	25	11 —	Jolly, 86ᵉ.	15	3 —	Subtil, 87ᵉ.	10
8 —	Commissaire, 144ᵉ.	15	1ᵉʳ —	Korn, estafette.	25	8 —	Thiérard, comp. franche.	25
10 —	Coulon, 86ᵉ.	30	12 —	Lagneaux, 144ᵉ bataillon.	25	11 —	Trotin, 55ᵉ.	60
15 —	Darceot.	25	10 —	Lahannier, 58ᵉ.	25	4 —	Valeton, 144ᵉ.	15
6 —	Dartois, 144ᵉ.	30	2 —	Lambert, 144ᵉ.	25	15 —	Valy, 145ᵉ.	25
10 —	Idem.	20	2 —	Lebé, 88ᵉ.	15	8 —	Villermé, 86ᵉ.	10
13 —	Delpech, 55ᵉ.	25	6 —	Idem.	15	4 —	Vitoux, 144ᵉ.	15
29 avril.	Desoye, 88ᵉ.	10	9 —	Ledebt, 144ᵉ.	40	8 —	Idem.	10
	A reporter.	825		A reporter.	1,680		TOTAL.	2,700

soit *deux mille sept cents francs*.

Nous espérons, dans l'intérêt de nos concitoyens, avoir moins à donner par la suite, et, par contre, avoir moins de victimes ; mais, quoi qu'il en soit, nous continuerons à accomplir la tâche qui nous a été confiée.

SALUT ET FRATERNITÉ.

Paris, le 19 mai 1871.

Les Membres de la Commission d'enquête,
BÉASSE, B. DELARY, A. GIRAN, JULIEN, PERROTTE, ÉMILE RHONE.

Certifié conforme :
Le Secrétaire général,
LÉON JACOB.

IMPRIMERIE NATIONALE. — Mai 1871.

Vu et approuvé :
Les Membres de la Commune,
ANT. ARNAUD, DEMAY, CLOVIS DUPONT, PINDY.

RÉPUBLIQUE FRANÇAISE

LIBERTÉ—ÉGALITÉ—FRATERNITÉ

N° 366 *bis*   N° 366 *bis*

COMMUNE DE PARIS

(EN FORMATION)

LES

ZOUAVES

DE LA RÉPUBLIQUE

AUX HOMMES DE CŒUR

CITOYENS,

Au moment où les Gardes nationaux défenseurs de la République et de la Commune tombent sous le plomb des assassins de Versailles, malgré leur titre inviolable de prisonniers de guerre, nos cœurs ont bondi d'indignation, et nous jetons au milieu de vous, Citoyens, notre cri patriotique : VENGEANCE!!! Aidez-nous à l'assurer complète.

Et vous, enfants de la commune de Lyon, venez à nous pour combattre sous le drapeau que les premiers vous avez arboré.

L'habillement, la solde et les vivres sont assurés aussitôt après l'enrôlement. Armes à tir rapide. Les hommes inscrits à l'avance faisaient tous partie des anciennes compagnies de Francs-Tireurs.

MÊME SOLDE QUE LA GARDE NATIONALE

Le décret de la Commune relatif aux veuves, orphelins et blessés, est applicable aux Zouaves de la République.

Les Bureaux de l'enrôlement sont situés :

1er Bureau.	— 10e Arrondissement,	Faubourg Saint-Martin, Mairie.
2e —	— 11e	Place Voltaire, Mairie.
3e —	— 18e	Rue des Abbesses, 8, Montmartre.
4e —	— 20e	Belleville, Mairie.

De 9 heures à 11 heures, et de 2 heures à 6 heures.

Paris, le 19 mai 1871.

L'Adjudant-Major,   *Le Commandant des Zouaves de la République,*
RUMEAU.   LECAUDEY.

NOTA. Le bataillon ne sera composé que de 500 hommes.

IMPRIMERIE NATIONALE. — Mai 1871.

RÉPUBLIQUE FRANÇAISE

N° 367   LIBERTÉ — ÉGALITÉ — FRATERNITÉ   N° 367

COMMUNE DE PARIS

LA Commune DÉCRÈTE :

ARTICLE UNIQUE.

Il sera fait application aux victimes de l'explosion de la Cartoucherie de l'avenue Rapp du décret du 10 avril 1871, concernant les veuves et les orphelins.

Paris, le 19 mai 1871.

LA COMMUNE DE PARIS.

1 IMPRIMERIE NATIONALE. — Mai 1871.

RÉPUBLIQUE FRANÇAISE

N° 368   LIBERTÉ — ÉGALITÉ — FRATERNITÉ   N° 368

COMMUNE DE PARIS

DIRECTION DES MONNAIES

L'Administration prévient le public que les bureaux du change, pour l'achat des matières d'or et d'argent, sont ouverts tous les jours, de 9 heures à 3 heures, à l'Hôtel des Monnaies, quai Conti, n° 11.

Paris, le 19 mai 1871.

Le Délégué à l'Administration des Monnaies et Médailles,

Z. CAMÉLINAT,

2 IMPRIMERIE NATIONALE. — Mai 1871.

RÉPUBLIQUE FRANÇAISE
LIBERTÉ — ÉGALITÉ — FRATERNITÉ

COMMUNE DE PARIS

DÉLÉGATION A LA GUERRE

INSPECTION GÉNÉRALE
DES AMBULANCES CIVILES ET MILITAIRES
rue Dominique-Germain, n° 86

Les bureaux de l'Inspection générale des ambulances civiles et militaires ont été transférés, à partir du 18 mai, de l'Assistance publique, avenue Victoria, n° 3, aux bureaux de la Guerre, rue Dominique-Germain, n° 86.

Les plaintes et réclamations de tout genre relatives aux ambulances civiles et militaires doivent être adressées au citoyen Inspecteur général.

Paris, le 19 mai 1871.

Pour l'Inspecteur général des ambulances civiles et militaires, et par autorisation spéciale ;

Le Secrétaire général,
A. MOREAU.

Vu et approuvé :
Pour la Commission de la Guerre,
JULES BERGERET.

IMPRIMERIE NATIONALE. — Mai 1871

RÉPUBLIQUE FRANÇAISE
LIBERTÉ — ÉGALITÉ — FRATERNITÉ

COMMUNE DE PARIS

ABATTOIRS DE LA VILLETTE

AVIS

A partir de *Lundi 22 courant* le *Travail* dans les abattoirs sera interdit à tout Citoyen qui ne sera pas inscrit sur les contrôles de la Garde nationale.

Il sera délivré une carte de circulation à ceux qui pourront prouver qu'ils sont enrôlés.

Les Citoyens possesseurs d'une carte provisoire, primitivement délivrée, devront se présenter au bureau de l'Inspecteur munis d'un certificat constatant leur inscription.

Paris, le 20 mai 1871.

Le Directeur général des Abattoirs de la Villette,
ERNEST MELIN.

IMPRIMERIE NATIONALE. — Mai 1871.

RÉPUBLIQUE FRANÇAISE

LIBERTÉ — ÉGALITÉ — FRATERNITÉ

No 371

No 371

COMMUNE DE PARIS

FÉDÉRATION

DE LA GARDE NATIONALE

COMITÉ CENTRAL

ORDRE

Tout dépositaire de troncs pour les secours aux blessés devra, dans le délai de 48 heures, en faire le dépôt à l'Administration du service médical, rue Dominique-Germain, 86, escalier D, 2e étage.

Ouverture faite en présence du dépositaire et du déposant, un reçu de la somme sera délivré à ce dernier; et les fonds remis au Délégué aux Finances, à qui la Commission dès secours adressera les mandats délivrés aux veuves et orphelins des Gardes nationaux fédérés, et aux blessés,

La Garde nationale est chargée de faciliter l'exécution du présent ordre.

Paris, le 20 mai 1871.

Pour la Commission médicale,
FABRE.

Vu et approuvé :
Pour la Commission de la Guerre, le Membre de la Commune,
H. GÉRESME.

1 IMPRIMERIE NATIONALE. — Mai 1871.

RÉPUBLIQUE FRANÇAISE

LIBERTÉ — ÉGALITÉ — FRATERNITÉ

No 372

No 372

COMMUNE DE PARIS

FÉDÉRATION

GARDE NATIONALE

DE LA

COMITÉ CENTRAL

AVIS

Les citoyennes désireuses de s'enrôler dans le service des ambulances fixes ou mobiles sont invitées à venir se faire inscrire à la Commission médicale, où une liste est ouverte, rue Dominique-Germain, 86, escalier D, 2e étage.

Les certificats ou livrets de bonnes mœurs sont exigibles, plus une attestation du commissaire de police du quartier, indiquant la demeure, l'âge et la profession.

Paris, le 20 mai 1871.

Pour la Commission médicale,
FABRE.

Vu et approuvé :
Pour la Commission de la Guerre, le Membre de la Commune,
H. GÉRESME.

1 IMPRIMERIE NATIONALE. — Mai 1871.

N° 373

RÉPUBLIQUE FRANÇAISE

LIBERTÉ — ÉGALITÉ — FRATERNITÉ

COMMUNE DE PARIS

MAIRIE
DU

IVᵉ ARRONDISSEMENT

Le Comité central de l'Union des femmes pour la défense de Paris et les soins aux blessés invite les ouvrières de toutes les corporations à se réunir, dimanche 21 mai, à 1 heure de l'après-midi, à la Mairie du IVᵉ arrondissement, salle des Fêtes, pour la constitution définitive des Chambres syndicales et fédérales des travailleuses.

Paris, le 20 mai 1871.

La Commission exécutive du Comité central,

NATHALIE DE MEL.
JARRY.
ALINE JACQUIER.
BLANCHE LEFÈVRE.
MARCELINE LELOUP.
ADÈLE GAUVIN.
ÉLISABETH DMITRIEFF.

IMPRIMERIE NATIONALE. — Mai 1871.

N° 374

RÉPUBLIQUE FRANÇAISE

LIBERTÉ — ÉGALITÉ — FRATERNITÉ

COMMUNE DE PARIS

Xᵉ ARRONDISSEMENT

Les Membres de la Commune, délégués au Xᵉ Arrondissement, considérant :

Que les principes de la Commune sont établis sur la moralité et le respect de chacun;

Que les femmes de mauvaise vie et les ivrognes sont chaque jour un spectacle scandaleux pour les mœurs publiques;

Qu'il y a urgence à ce que de pareils désordres soient promptement réprimés.

ARRÊTENT :

ARTICLE UNIQUE. Les Commissaires de police et les Gardes nationaux du Xᵉ Arrondissement devront arrêter et mettre en détention toutes les femmes de mœurs suspectes exerçant leur honteux métier sur la voie publique, ainsi que les ivrognes qui, dans leur passion funeste, oublient et le respect d'eux-mêmes et leur devoir de citoyens.

Paris, le 20 mai 1871.

Les Membres de la Commune délégués au Xᵉ arrondissement,

BABICK, CHAMPY, GAMBON, Fortuné HENRY, Félix PYAT, RASTOUL.

IMPRIMERIE NATIONALE.— Mai 1871.

RÉPUBLIQUE FRANÇAISE

LIBERTÉ — ÉGALITÉ — FRATERNITÉ

COMMUNE DE PARIS

Xᵉ ARRONDISSEMENT

Citoyens,

Depuis le 18 mars, la 10ᵉ Légion a vaillamment fait son devoir et a payé du sang de ses braves enfants son dévouement à la Commune.

Une nouvelle épreuve vient nous mettre dans le deuil.

Le 143ᵉ bataillon était de service à la poudrière Rapp au moment de l'épouvantable crime. Nous avons à déplorer la mort de trois bons citoyens; vingt-trois autres sont plus ou moins grièvement blessés.

Citoyens du Xᵉ arrondissement, en face de ce lâche attentat de nos ennemis, notre conduite est toute tracée : qu'aucun de nous ne reste désormais étranger à la vengeance, — Aux armes tous ! elle sera plus prompte et plus terrible.

Paris, le 20 mai 1871.

Le chef de la 10ᵉ légion.
Colonel BRUNEL;

Les Membres de la Municipalité du Xᵉ arrondissement,
BABICK, CHAMPY, GAMBON, Fortuné HENRY,
Félix PYAT, RASTOUL.

IMPRIMERIE NATIONALE. — Mai 1871.

RÉPUBLIQUE FRANÇAISE
LIBERTÉ — ÉGALITÉ — FRATERNITÉ

N° 376   N° 376

COMMUNE DE PARIS

3ᴱ ARRONDISSEMENT

Aux citoyens Membres de la Commune du 3ᵉ arrondissement.

Le travail des Commissions de recensement et d'enquête n'ayant pas produit les résultats auxquels nous étions en droit de nous attendre, je soumets à votre approbation les décisions contenues dans l'ordre du jour ci-après.

Salut fraternel.

Le Chef de la 3ᵉ légion,
SPINOY.

ORDRE

Malgré le zèle déployé par les Commissions d'enquête et de recensement, un grand nombre de gardes ne rejoignent pas leurs compagnies. C'est plutôt indifférence que manque de patriotisme; mais, à l'heure présente, l'indifférence est un crime. Lorsque des hommes qui nous ont livrés à l'étranger employent, aujourd'hui que leur position et leur fortune sont en jeu, un courage et des moyens de destruction dont ils n'ont pas voulu se servir contre l'ennemi; lorsque des vieillards, ayant déjà un pied dans la tombe, frappent sans pitié les vieillards, les femmes et les enfants; lorsqu'on discute ouvertement à Versailles si Paris sera détruit en tout ou en partie; lorsque le sang le plus pur et le plus généreux de la France est versé chaque jour par ceux qui, non contents de nous assassiner, tentent de nous déshonorer; en ce moment suprême, le devoir de tout citoyen est de prendre les armes et d'aller aux remparts défendre notre chère Cité.

Tous les intérêts doivent s'effacer devant celui de la cause sacrée du droit et de la justice.

EN CONSÉQUENCE :

1° Tous les citoyens du 3ᵉ arrondissement qui, dans un délai de quarante-huit heures, n'auront pas rejoint leurs compagnies de guerre ou sédentaires; tous ceux qui, ne faisant partie d'aucun bataillon, ne se seront pas présentés à l'État-Major de la Légion pour être incorporés, et ce, dans le même délai, seront immédiatement arrêtés et traduits devant la Cour martiale.

Des pouvoirs réguliers seront délivrés à cet effet à des Délégués de la Municipalité.

2° Les magasins, débits et établissements de commerce tenus par des réfractaires ou par leurs représentants, seront immédiatement fermés et les scellés y seront apposés.

3° Les Chefs de bataillon me remettront le 22, au rapport, des listes nominatives, qui devront être établies avec la plus grande exactitude, de tous les gardes présents et faisant service. Ces listes, signées par les Commandants de compagnies et visées par eux, seront confrontées avec les listes de recensement et devront servir à constater l'absence des réfractaires.

Paris, le 21 mai 1871.

Vu et APPROUVÉ :

Les Membres de la Commune du 3ᵉ arrondissement,
ANT. ARNAUD.
DEMAY.
CLOVIS DUPONT.
PINDY.

Le Chef de la 3ᵉ Légion,
SPINOY.

IMPRIMERIE NATIONALE. — Mai 1871

RÉPUBLIQUE FRANÇAISE

LIBERTÉ — ÉGALITÉ — FRATERNITÉ

N° 377

COMMUNE DE PARIS

DIRECTION

DES

DOMAINES DE LA SEINE

VENTE

AUX ENCHÈRES PUBLIQUES,

Le jeudi 25 mai 1871, à midi précis,

QUAI DE LA TOURNELLE, PRÈS LA RUE DE PONTOISE,

Des objets mobiliers suivants, provenant de la fourrière de Paris :

3,000 paniers de toute espèce, sacs, haquets, camions, brouettes, voitures à bras, plomb, laines, cuirs, matelas, outils de toute sorte, échelles, tombereaux, tapissières, tonneaux, lits et couchettes, ferraille, plusieurs vélocipèdes, planches, etc.

LA VENTE AURA LIEU AU COMPTANT.

5 0/0 en sus des enchères

ENLÈVEMENT IMMÉDIAT

Paris, 20 mai 1871.

Le Directeur des Domaines,
G. FONTAINE.

IMPRIMERIE NATIONALE. — Mai 1871.

RÉPUBLIQUE FRANÇAISE

LIBERTÉ — ÉGALITÉ — FRATERNITÉ

N° 378

COMMUNE DE PARIS

DÉLÉGATION DES FINANCES

En exécution du décret communal du 6 mai courant, il a été procédé, aujourd'hui 20 mai, à 2 heures, à l'Hôtel-de-Ville, salle Saint-Jean, en séance publique présidée par le citoyen LEFRANÇAIS, Membre de la Commune, à un second tirage au sort des quatre nouvelles séries d'objets engagés au Mont-de-Piété, qui devront être délivrés gratuitement.

Ce tirage a donné les résultats suivants :

1° Du 16 au 31 janvier 1870 ;
2° Du 16 au 30 novembre 1869 ;
3° Du 16 au 31 mai 1870 ;
4° Du 1er au 15 février 1871 ;

Le retrait des objets compris dans chacune de ces séries peut se faire immédiatement aux établissements où ils sont déposés : à l'Administration centrale, rue des Blancs-Manteaux ; rue du 31 Octobre (ancienne rue Bonaparte), ou rue Servan.

L'Administration rappelle que les habitants de la Commune de Paris peuvent seuls bénéficier du décret du 6 mai ; les habitants des communes suburbaines n'y ont aucun droit.

Chaque reconnaissance devra porter le cachet de la Mairie du commissaire de police, du juge de paix ou du conseil de famille du bataillon de l'arrondissement de l'emprunteur.

Paris, 20 mai 1871.

LEFRANÇAIS,
Membre de la Commission des Finances.

2 IMPRIMERIE NATIONALE. — Mai 1871.

Préfecture de la Gironde

RÉPUBLIQUE FRANÇAISE

Liberté — Égalité — Fraternité

Dépêche télégraphique

VERSAILLES, le 20 Mai, 3 h. 10 du soir.

Le Chef du Pouvoir exécutif à tous les Préfets.

Quelques préfets ayant demandé des nouvelles, il leur a été fait la réponse suivante :

Ceux qui s'inquiètent ont grand tort. Nos troupes travaillent aux approches. Nous battons en brèche au moment où j'écris. Jamais nous n'avons été plus près du but. Les membres de la Commune sont occupés à se sauver.

Monsieur Henry Rochefort a été arrêté à Meaux.

A. THIERS.

Pour copie conforme :

Le Préfet de la Gironde,
FERDINAND DUVAL.

Bordeaux.—Imp. administrative Bayot, rue de la Bourse, 11 et 13.

Salle Saint-Vincent, rue du Port, n° 19, à Argenteuil.

LE DIMANCHE 21 MAI, A 7 HEURES DU SOIR

CONCERT

FASHIONABLE

du corps de musique, régiment 27, sous la direction de Menzel.

PROGRAMME :

I Theil (1re Partie)

1. Marsch über Franz, lieder (*Chanson des Français*).   Menzel
2. Leichte cavallerie (*Cheval-léger*), ouverture von   Suppé
3. Fantaisie von Faust und Marguerite (*Fantaisie sur Faust et Marguerite*), opéra de   Gounod
4. Theater-weiser-lieder (*Chanson*) de   Mendelsohn
5. Deutscher walser (*valse allemande*), de   Strauss

II Theil (2e Partie)

6. Ouverture Rienzi, opéra   Wagner
7. Das blaue Auge (*L'œil crevé*) quadrille de   Menzel
8. Fantaisie von Trobador (*Fantaisie du Troubadour*).
9. Champagner-Polka (*Polka-Champagne*) de   Strauss

PRIX D'ENTRÉE : 1 fr. par personne.

Le Bureau sera ouvert à 6 heures.

Argenteuil. — Imprimerie P. WORMS.

RÉPUBLIQUE FRANÇAISE

LIBERTÉ — ÉGALITÉ — FRATERNITÉ

COMMUNE DE PARIS

Le public est prévenu que des dispositions ont été prises pour transformer en marché le terrain vague de la place Monge.

En conséquence, les marchands regrattiers ou autres, qui désireraient louer ces emplacements, sont invités de s'adresser au bureau du citoyen FERRETTI-BORDAS, Chef du plan de Paris, à l'Hôtel-de-Ville, 4° étage, n° 29.

Paris, le 20 mai 1871.

VU ET APPROUVÉ

Par le Membre de la Commune

délégué aux Services publics,

JULES ANDRIEU.

VU ET PRÉSENTÉ

Par l'Ingénieur chef des Services publics,

ED. CARON.

2 IMPRIMERIE NATIONALE. — Mai 1871.

RÉPUBLIQUE FRANÇAISE

LIBERTÉ — ÉGALITÉ — FRATERNITÉ

COMMUNE DE PARIS

COMITÉ DE SALUT PUBLIC

Le Comité de Salut public, en présence des tentatives de corruption qui lui sont signalées de toute part, rappelle que tout individu, prévenu d'avoir offert ou accepté de l'argent pour faits d'embauchage, se rend coupable du crime de haute trahison, et sera déféré à la Cour martiale.

Paris, le 1er prairial an 79.

Le Comité de Salut public,

ANT. ARNAUD, BILLIORAY, E. EUDES, F. GAMBON, G. RANVIER.

4 IMPRIMERIE NATIONALE. — Mai 1871.

RÉPUBLIQUE FRANÇAISE.

DÉPÊCHE TÉLÉGRAPHIQUE.

LE CHEF DU POUVOIR EXÉCUTIF,

Aux Préfets et à toutes les Autorités civiles, judiciaires et militaires.

La porte de Saint-Cloud vient de s'abattre sous le feu de nos canons. Le général Douay s'y est précipité, et il entre en ce moment dans Paris avec ses troupes.

Les corps des généraux Ladmirault et Clinchant s'ébranlent pour le suivre.

A. THIERS.

Versailles, 21 Mai 1871, 7 h. 30 du soir.

Versailles. — Imp. de E. AUBERT, 6, avenue de Sceaux.

RÉPUBLIQUE · FRANÇAISE
LIBERTÉ — ÉGALITÉ — FRATERNITÉ

COMMUNE DE PARIS

FÉDÉRATION RÉPUBLICAINE
DE LA GARDE NATIONALE

COMITÉ CENTRAL

Considérant qu'il importe de faire servir au succès de la Révolution du 18 Mars toutes les ressources qu'offre la Fédération de la Garde nationale ;

Considérant que c'est en elle seulement que l'on peut trouver les puissants moyens d'action révolutionnaire et de contrôle efficace qui donneront aux décrets de la Commune et aux ordres de la Guerre la sanction qui leur a manqué jusqu'ici,

LE COMITÉ CENTRAL ARRÊTE :

Art. 1er. A partir du dimanche 21 mai, les Conseils de légion enverront un délégué pour assister aux rapport qui aura lieu chaque jour, à 2 heures précises, au Ministère de la Guerre, salle de la Fédération.

Art. 2. Les divers corps ou fractions de corps de l'armée communale sont invités à se conformer aux principes de la Fédération, afin de solidariser leurs intérêts et d'en assurer la satisfaction.

La cavalerie, l'artillerie, le génie et le train ont le droit d'être représentés par un délégué au Comité central.

Pour le Comité central et par délégation :

La Commission d'organisation,

BAROUD, LACORD, TOURNAIS.

29 floréal an 79.

2 IMPRIMERIE NATIONALE. — Mai 1871.

RÉPUBLIQUE FRANÇAISE

LIBERTÉ — ÉGALITÉ — FRATERNITÉ

COMMUNE DE PARIS

DÉLÉGATION
A L'ENSEIGNEMENT

Les jeunes gens inscrits déjà pour l'École professionnelle de la rue Lhomond sont invités à s'y présenter tous
les jours, à partir de lundi matin, 22 mai courant.

Le même avis s'adresse aux jeunes gens non encore
inscrits et qui veulent se faire inscrire.

Les ouvriers qui désirent être maîtres d'apprentissage
à l'École sont invités à adresser leurs demandes à la
Délégation du Travail et de l'Échange (section des
Chambres syndicales).

Paris, le 21 mai 1871.

La Commission de l'organisation de l'Enseignement,
ANDRÉ, DACOSTA, MANIER, RAMA, SANGLIER.

APPROUVÉ :
Le Membre de la Commune délégué à l'Enseignement,
ED. VAILLANT.

2 IMPRIMERIE NATIONALE.— Mai 1871.

RÉPUBLIQUE FRANÇAISE

LE PRÉFET DE SEINE-ET-OISE, PAR INTÉRIM,
AUX HABITANTS DE VERSAILLES.

Versailles, 21 Mai 1871, 7 heures soir.

Le corps d'armée du général **Douay** entre en ce moment
dans Paris par la porte de Saint-Cloud, au Point-du-Jour.

LORIOT DE ROUVRAY.

Versailles. — Imprimerie de E. AUBERT, 6, avenue de Sceaux.

RÉPUBLIQUE FRANÇAISE

LIBERTÉ - - ÉGALITÉ — FRATERNITÉ

COMMUNE DE PARIS

CIMETIÈRES

REPRISE DES TERRAINS

CONCÉDÉS A TITRE CONDITIONNEL ET A TITRE TEMPORAIRE

Le Membre de la Commune délégué aux Services publics,

Vu le décret du 23 prairial an XII, sur les sépultures;

Vu le règlement du 8 décembre 1829, relatif aux concessions de terrains dans les cimetières de Paris, approuvé par ordonnance du 5 mai 1830; ensemble le règlement du 14 septembre 1850 (titre IX, art. 42 et 45);

Vu la loi du 16 juin 1859, relative à l'extension des limites de Paris;

Vu les arrêtés des Maires des anciennes communes d'Auteuil, de Passy, des Batignolles, de Montmartre, de la Chapelle, de la Villette, de Belleville, de Charonne, de Bercy, de Vaugirard et de Grenelle, qui ont fixé à douze, quinze et trente ans la durée des concessions temporaires dans les cimetières desdites communes,

ARRÊTE :

ARTICLE PREMIER.

A partir du 5 juin 1871, il sera procédé à la reprise :

1° Des terrains concédés pour cinq ans dans les cimetières de l'Est (Père-Lachaise), du Nord (Montmartre), du Sud (Mont-Parnasse), d'Ivry, de Passy, d'Auteuil, de la Villette, de Montmartre-Saint-Ouen et des Batignolles, depuis et y compris le 1er janvier 1865, jusques et y compris le 31 décembre de la même année;

2° Des terrains concédés à titre conditionnel dans les cimetières du Nord, de l'Est, du Sud, des Batignolles, de Passy, de Grenelle, d'Auteuil, de Montmartre-Saint-Ouen, de la Villette et de Vaugirard, depuis et y compris le 1er janvier 1860, jusques et y compris le 31 décembre de la même année ;

3° Des terrains concédés pour douze, quinze et trente ans, dans les cimetières de la banlieue réunie à Paris, dont le terme de concession a fini le 31 décembre 1870.

ART. 2.

Les terrains concédés temporairement dans les cimetières ouverts pourront, *lorsque les dispositions prises pour l'aménagement des sépultures le permettront*, être concédés pour une nouvelle période de cinq ans, moyennant le versement de la somme de 50 fr.

Quant aux terrains concédés à titre conditionnel, ils pourront être conservés à titre perpétuel par les familles, à charge par elles de compléter le payement du prix de concession.

ART. 3.

Les familles occupant des terrains en reprise devront, d'ici au 5 juin prochain, faire enlever les monuments, signes funéraires et objets quelconques existant sur lesdits terrains.

ART. 4.

Faute par les familles de se conformer à cette disposition dans ledit délai, l'Administration fera procéder d'office à l'enlèvement des objets désignés dans l'article précédent.

ART. 5.

Les objets dont le déplacement aura dû se faire par les soins de l'Administration seront déposés dans les dépendances des cimetières pour y rester à la disposition des familles pendant *un an et un jour*. Les familles qui, durant cet intervalle, les réclameront, seront tenues de verser à la Caisse de la Commune la somme de 6 francs, montant des frais d'enlèvement réglés conformément aux dispositions de l'art. 2 de l'arrêté préfectoral du 1er février 1840.

ART. 6.

A l'expiration du délai d'*un an et un jour*, tous les signes funéraires, de quelque nature qu'ils soient, qui se trouveront encore emmagasinés dans les cimetières, seront considérés comme objets abandonnés.

ART. 7.

L'Administration ne sera, en aucun cas, responsable envers les familles des objets qui, par l'effet de l'enlèvement ou par vétusté, viendraient à être dégradés ou détruits.

ART. 8.

Le présent arrêté sera affiché partout où besoin sera et inséré au *Recueil des Actes administratifs*,

Paris, le 22 Mai 1871.

Le Membre de la Commune délégué aux Services publics
Jules ANDRIEU.

IMPRIMERIE NATIONALE. — Mai 1871.

18ᵉ ARRONDISSEMENT.

CITOYENS,

Plus de sang, plus de victimes.

En obéissant aux ordres de la Commune, vous **marchez** sous le drapeau de la trahison.

Que font à ces étrangers qui arment vos bras, l'honneur de la France et la prospé rité de Paris?

Toujours des libertés promises, mais aussitôt étouffées par la violence et la terreur

Où est la liberté de la presse?

Où est la liberté de réunion?

Où est la liberté de conscience?

Où est la liberté politique?

La presse est supprimée, les réunions dispersées, les églises fermées, et le libre arbitre politique du citoyen foulé aux pieds par des potentats qui n'ont usurpé le pouvoir que pour vous assujettir à leurs ambitions criminelles.

Subir plus longtemps ce joug qui vous impose la délation, et fait de vous des geôliers forcés d'exécuter les ordres des membres de la Commune, c'est vous déshonorer.

Assez de sang versé!

Des frères ont tué leurs frères. Des fils ont marché contre leur père.

Et vous, citoyennes, qu'attendez-vous pour mettre fin à cette guerre fratricide? Regardez autour de vous : comptez les absents. Êtes-vous donc résignées à devenir une nation de veuves et d'orphelins? Non. Pendant qu'il en est temps encore, faites entendre votre voix. Maudissez ceux qui trompent vos enfants et les envoient à une mort certaine. Matrones de Paris, c'est à vous qu'il appartient de sauver la France.

La République attend de vous cet effort sublime de patriotisme.

On brave la colère des hommes : les soldats ne savent pas résister aux prières d'une femme. Au moment de frapper, ils se souviennent tous qu'ils ont une mère, une sœur ou une femme qui les attend au foyer domestique.

Citoyens, citoyennes, plus de sang, plus de larmes, plus de Commune. Sachons contraindre ces bourreaux de la France et de Paris à aller laver leurs crimes dans l'oubli de l'exil, et préparez-vous dès aujourd'hui à nous donner votre concours, en vous ralliant autour de notre drapeau tricolore, sublime et inaltérable emblème de notre France si malheureuse et qui veut secouer le joug des misérables imposteurs qui vous sacrifient et vous font tuer, pendant qu'ils restent spectateurs impassibles de cette lutte fratricide.

VIVE LA RÉPUBLIQUE, et sauvons la France.

VINCENT,

Chef du 166ᵉ Bataillon et chargé de rallier à la cause de l'ordre les 32ᵉ, 77ᵉ, 78ᵉ, 154ᵉ, 158ᵉ, 166ᵉ et 168ᵉ Bataillons de la garde nationale de la Seine.

RÉPUBLIQUE FRANÇAISE

N 384   LIBERTÉ — ÉGALITÉ — FRATERNITÉ   N 384

MAGASIN COMMUNAL DU 3ᵉ ARRONDISSEMENT
École Turgot, rue Turbigo, 67

VENTE

De Haricots, Pois, Pommes de terre, Riz, Bœuf salé, Bœuf conservé, Jambon, Lard, Mouton, Saindoux, Beurre, Café, Fromages, Huile d'olive, Sel, Sucre, Harengs, Morue,

À PARTIR DU 21 MAI, TOUS LES JOURS, DE 8 HEURES DU MATIN À 4 HEURES DU SOIR

IMPRIMERIE NATIONALE. — Mai 1871.

RÉPUBLIQUE FRANÇAISE

Nᵒ 385   LIBERTÉ — ÉGALITÉ — FRATERNITÉ   Nᵒ 385

COMMUNE DE PARIS

AUX CITOYENS
Membres de la Commission de la Guerre

CITOYENS,

Je crois devoir vous signaler le fait suivant, qui démontre une fois de plus de quelle façon l'armée royaliste fait la guerre.

On a conduit hier à l'amphithéâtre de Clamart, 17, rue du Fer-à-Moulin, dix cadavres de gardes nationaux ayant appartenu au 118ᵉ bataillon; ces braves gens avaient cru pouvoir s'avancer sans défiance vers une troupe de Versaillais qui leur avait paru mettre bas les armes. Surpris par une fusillade terrible à bout portant, ils ont été achevés à coups de baïonnettes et mutilés d'une façon horrible. L'un d'eux, notamment, a reçu au crâne, à la face et dans la région du cœur trente-sept coups de baïonnette!!!

Paris, le 21 mai 1871.

SALUT ET ÉGALITÉ,
Le Secrétaire général de l'Inspection générale
des Ambulances civiles et militaires,
A. MOREAU

IMPRIMERIE NATIONALE. — Mai 1871.

RÉPUBLIQUE FRANÇAISE

LIBERTÉ — ÉGALITÉ — FRATERNITÉ

N° 386   N° 386

COMMUNE DE PARIS

Au Peuple de Paris,
A la Garde nationale.

CITOYENS, —

Assez de militarisme, plus d'états-majors galonnés et dorés sur toutes les coutures! Place au Peuple, aux combattants aux bras nus! L'heure de la guerre révolutionnaire a sonné.

Le Peuple ne connaît rien aux manœuvres savantes; mais quand il a un fusil à la main, du pavé sous les pieds, il ne craint pas tous les stratégistes de l'école monarchiste.

Aux armes! citoyens, aux armes! Il s'agit, vous le savez, de vaincre ou de tomber dans les mains impitoyables des réactionnaires et des cléricaux de Versailles, de ces misérables qui ont, de parti pris, livré la France aux Prussiens, et qui nous font payer la rançon de leurs trahisons!

Si vous voulez que le sang généreux, qui a coulé comme de l'eau depuis six semaines, ne soit pas infécond; si vous voulez vivre libres dans la France libre et égalitaire; si vous voulez épargner à vos enfants et vos douleurs et vos misères, vous vous lèverez comme un seul homme, et, devant votre formidable résistance, l'ennemi, qui se flatte de vous remettre au joug, en sera pour sa honte des crimes inutiles dont il s'est souillé depuis deux mois.

Citoyens, vos mandataires combattront et mourront avec vous, s'il le faut; mais au nom de cette glorieuse France, mère de toutes les révolutions populaires, foyer permanent des idées de justice et de solidarité qui doivent être et seront les lois du monde, marchez à l'ennemi, et que votre énergie révolutionnaire lui montre qu'on peut vendre Paris, mais qu'on ne peut ni le livrer ni le vaincre.

La Commune compte sur vous, comptez sur la Commune.

1er prairial, an 79.

Le Délégué civil à la Guerre,
CH. DELESCLUZE.

Le Comité de Salut public,
ANT. ARNAUD, BILLIORAY, E. EUDES,
F. GAMBON, G. RANVIER.

IMPRIMERIE NATIONALE. — Mai 1871.

THEATRE DE St-DENIS

Mardi 23 Mai 1871
SALLE DU GRAND SALON, Cours Benoist, 17

Tous les soirs spectacle donné par la troupe française.	Jeden Abend neue Vorstellung von der franzoesischen Theater-Gesellschaft. Anfang 7 Uhr, Cassenoeffnung 6 Uhr.

AVIS.

Le Spectacle commencera à 7 h. précises pour finir à 9 h. 20 m

Le public est donc informé qu'il peut assister aux représentations qui seront terminées avant l'heure de la retraite (*fixée à 10 heures du soir pendant la durée du Théâtre*).—Un train part pour Paris à 10 heures 10 m. du soir.

PIERROT EN RUSSIE

Pantomime nouvelle

Pierrot, M. Louis Pissarello. *2 Cosaques*, MM. Négrier *et* Herbert.
Colombine, Mlle Marietta. *Un garçon marchand de vin*, Mlle Camille.

SCÈNE DES PATINS

M. Louis Pissarello *exécutera sur le Violon et en* PATINANT,
une Polka, une Valse et une Varsovienne.

LES P'TITS SOULIERS	L'AMOUR

Chantés par Mlle Marietta.

VIOLETTE	LA FÉE AUX ROSES
	(Romance-Halévy.)

Chantés par M. Henri.

LUCILE

Pas de deux, dansé par Mlles Lisbeth et Maria.

SAINT-OUEN	LA ROSE D'ALSACE

Chantés par Mlle LUCILE-D'HERBECOURT.

MON BONHEUR EST LA	VERSEZ

Chantés par M. FERNAND (*Baryton*).

VOLTIGE

Pas de deux, dansé par Mlles Lisbeth et Maria.

AVANCE COCHER	L'AMOUR DANS TOUS LES PAYS

Chantés par M. Camille GUYOT.

La Musique militaire exécutera différentes Ouvertures pendant les Entr'actes.

ORDRE : 1. Avance cocher.—2. Les p'tits souliers.—3. Violette.—4. St-Ouen.—5. Versez. 6. Lucile.—7. L'amour.—8. Fée aux roses.—9. La rose d'Alsace.—10. Mon bonheur est là. 11. Voltige.—12. L'amour dans tous les pays.—13. Pierrot en Russie.

PRIX DES PLACES :

Premières Places, **3 fr.** — Pourtour, **1 fr.** — Galeries debout, **50 c.**

Saint-Denis. — Typographie de A. Moulin.

N° 387

RÉPUBLIQUE FRANÇAISE
LIBERTÉ — ÉGALITÉ — FRATERNITÉ

N° 387

COMMUNE DE PARIS

DIRECTION GENERALE DES DOMAINES

VENTE

SUR FOLLE ENCHÈRE

de 10,670 kilogrammes de papiers

Le Mardi 23 Mai, à 9 heures du matin

DANS LE LOCAL DES DOMAINES, SIS A PARIS, RUE DES ÉCOLES, 2

Payable au comptant, 5 % en sus du prix de la vente

Le Directeur des Domaines,
J. FONTAINE.

IMPRIMERIE NATIONALE. — Mai 1871.

RÉPUBLIQUE FRANÇAISE
N° 388   LIBERTÉ — ÉGALITÉ — FRATERNITÉ   N° 388

COMMUNE DE PARIS

COMITÉ
DE SALUT PUBLIC

Que tous les bons citoyens se lèvent!

Aux barricades! L'ennemi est dans nos murs!

Pas d'hésitation!

En avant pour la République, pour la Commune et pour la Liberté!

AUX ARMES!

Paris, le 22 mai 1871.

Le Comité de Salut public,
ANT. ARNAUD, BILLIORAY, E. EUDES,
F. GAMBON, G. RANVIER.

IMPRIMERIE NATIONALE. — Mai 1871.

RÉPUBLIQUE FRANÇAISE

N° 389 LIBERTÉ — ÉGALITÉ — FRATERNITÉ N° 389

COMMUNE DE PARIS

COMITÉ DE SALUT PUBLIC

Soldats de l'Armée de Versailles,

Le peuple de Paris ne croira jamais que vous puissiez diriger contre lui vos armes quand sa poitrine touchera les vôtres; vos mains reculeraient devant un acte qui serait un véritable fratricide.

Comme nous, vous êtes prolétaires; comme nous, vous avez intérêt à ne plus laisser aux monarchistes conjurés le droit de boire votre sang comme ils boivent nos sueurs.

Ce que vous avez fait au 18 Mars, vous le ferez encore, et le peuple n'aura pas la douleur de combattre des hommes qu'il regarde comme des frères et qu'il voudrait voir s'asseoir avec lui au banquet civique de la Liberté et de l'Égalité.

Venez à nous, Frères, venez à nous; nos bras vous sont ouverts!

3 prairial an 79.

Le Comité de Salut public,
ANT. ARNAUD, BILLIORAY, E. EUDES,
F. GAMBON, G. RANVIER.

IMPRIMERIE NATIONALE. — Mai 1871.

MUR. COM. 71

RÉPUBLIQUE FRANÇAISE
LIBERTÉ — ÉGALITÉ — FRATERNITÉ

No 390

COMMUNE DE PARIS

COMITÉ
DE SALUT PUBLIC

Le Comité de Salut public autorise les chefs de barricades à requérir les ouvertures des portes des maisons, là où ils le jugeront nécessaire;

A réquisitionner pour leurs hommes tous les vivres et objets utiles à la défense, dont ils feront récépissé et dont la Commune fera état à qui de droit.

Paris, le 22 mai 1871.

Le Membre du Comité de Salut public,
G. RANVIER.

1 IMPRIMERIE NATIONALE. — Mai 1871.

RÉPUBLIQUE FRANÇAISE
LIBERTÉ — ÉGALITÉ — FRATERNITÉ

No 391

COMMUNE DE PARIS

DIRECTION DU GÉNIE

ORDRE

Les Ingénieurs, les Capitaines Adjudants-Majors des bataillons, se rendront, chaque matin, au rapport du Directeur du génie, à 9 heures, à la caserne de la Cité.

2 prairial an 79.

Le Délégué à la Guerre,
C. DELESCLUZE.

1 IMPRIMERIE NATIONALE. — Mai 1871.

RÉPUBLIQUE FRANÇAISE

LIBERTÉ — ÉGALITÉ — FRATERNITE

COMMUNE DE PARIS

COMITÉ DE SALUT PUBLIC

Au Peuple de Paris.

CITOYENS,

La porte de Saint-Cloud, assiégée de quatre côtés à la fois par les feux du Mont-Valérien, de la butte Mortemart, des Moulineaux et du fort d'Issy, que la trahison a livré; la porte de Saint-Cloud a été forcée par les Versaillais, qui se sont répandus sur une partie du territoire parisien.

Ce revers, loin de nous abattre, doit être un stimulant énergique, Le Peuple qui détrône les rois, qui détruit les Bastilles; le peuple de 89 et de 93, le Peuple de la Révolution, ne peut perdre en un jour le fruit de l'émancipation du 18 Mars.

Parisiens, la lutte engagée ne saurait être désertée par personne; car c'est la lutte de l'avenir contre le passé, de la Liberté contre le despotisme, de l'Égalité contre le monopole, de la Fraternité contre la servitude, de la Solidarité des peuples contre l'égoïsme des oppresseurs.

AUX ARMES !

Donc, AUX ARMES! Que Paris se hérisse de barricades, et que, derrière ces remparts improvisés, il jette encore à ses ennemis son cri de guerre, cri d'orgueil, cri de défi, mais aussi cri de victoire; car Paris, avec ses barricades, est inexpugnable.

Que les rues soient toutes dépavées : d'abord, parce que les projectiles ennemis, tombant sur la terre, sont moins dangereux; ensuite, parce que ces pavés, nouveaux moyens de défense, devront être accumulés, de distance en distance, sur les balcons des étages supérieurs des maisons.

Que le Paris révolutionnaire, le Paris des grands jours, fasse son devoir; la Commune et le Comité de Salut public feront le leur.

Hôtel-de-Ville, le 2 prairial an 79.

Le Comité de Salut public,
ANT. ARNAUD, EUDES, J. GAMBON, G. RANVIER.

1 IMPRIMERIE NATIONALE. — Mai 1871.

RÉPUBLIQUE FRANÇAISE
LIBERTÉ — ÉGALITÉ — FRATERNITÉ

COMMUNE DE PARIS

ABATTOIRS DE LA VILLETTE

AVIS

Les Garçons bouchers qui se sont fait inscrire dans la Garde nationale peuvent venir travailler aux Abattoirs de la Villette. Ils seront payés d'après le prix de la semaine dernière.

Paris, le 22 mai 1871.

Le Directeur des Abattoirs,
ERNEST MÉLIN.

IMPRIMERIE NATIONALE. — Mai 1871.

REPUBLIQUE FRANÇAISE

GARDES NATIONALES
DE LA SEINE

Place Vendôme, 24 Mai 1871.

Gardes Nationaux restés fidèles à la cause de l'Ordre, vous ne devez, ni ne voulez rester étranger aux opérations dont la délivrance de Paris doit être la conséquence.

Groupez-vous sans hésiter, sans tarder, autour de vos chefs ; vous avez à assurer la garde de vos quartiers, à éteindre et prévenir les incendies allumés par les misérables qui ont juré de faire de notre ville un monceau de ruines.

Plusieurs d'entre vous ont déjà donné leur concours actif à notre brave armée et combattent à ses côtés. D'autres voudront aussi suivre ce noble exemple.

Il est indispensable que vous restiez en permanence, sous les armes, jusqu'au complet rétablissement de l'ordre. Vous vous soumettrez sans regret à cette nécessité. L'allocation que vous toucherez à l'État-Major vous permettra de pourvoir à votre subsistance.

L'abstention serait sans excuse. Que la voix de l'honneur parle haut dans les cœurs et que le patriotisme de chacun soit à la hauteur des circonstances !

Le Colonel chef d'État-Major Général,
CH. CORBIN.

PARIS. — IMPRIMERIE PAUL DUPONT.

RÉPUBLIQUE FRANÇAISE
LIBERTÉ — ÉGALITÉ — FRATERNITÉ

FÉDÉRATION DE LA GARDE NATIONALE

COMMUNE DE PARIS
MAIRIE DU PANTHÉON — 5ᵉ ARRONDISSEMENT

SOUS LA PRÉSIDENCE DU

Citoyen RÉGÈRE, Membre de la Commune
Et du Citoyen BLIN, Colonel de la 5ᵉ Légion

GRAND CONCERT

DONNÉ PAR LE 119ᵉ BATAILLON
Au bénéfice des BLESSÉS, PRISONNIERS, VEUVES et ORPHELINS
De la 5ᵉ Légion
AU GRAND AMPHITHÉÂTRE DE LA SORBONNE
Le Jeudi 25 Mai 1871, à 7 heures et demie

AVEC LE CONCOURS

Des Citoyennes **Gabrielle HUREL**, du Théâtre de Bruxelles;
MARION, des Concerts de Paris.

Des Citoyens **P. JOISSANT**, du Théâtre-Français; Auguste VERDURE,
GUICHARD, BONEL père, BONEL fils, C. ALEXANDRE,
BIDON, Improvisateur, WILLIAMS, des Concerts de Paris.

Des Citoyens **RICHARD**, **AUGER** et **MENU**, élèves du Conservatoire.

La Musique sera dirigée par le citoyen GOUJON, des *Persévérants de Paris*, chef de musique du
119ᵉ Bataillon

LE PIANO SERA TENU PAR LES CITOYENS ERNEST CORDIER ET BOULARD

LE PRIX D'ENTRÉE EST FIXÉ A 50 CENTIMES
Les bureaux ouvriront à 7 heures. — On commencera à 7 heures 1/2

4519 — Association générale typographique, rue du Faubourg-Saint-Denis, 19.

RÉPUBLIQUE FRANÇAISE.

DÉPÊCHES TÉLÉGRAPHIQUES.

LE CHEF DU POUVOIR EXÉCUTIF

Aux Préfets et à toutes les Autorités civiles, judiciaires et militaires.

Versailles, 23 Mai 1871, 2 h. du soir.

Les événements suivent la marche que nous avions le droit de prévoir.

Il y a 90,000 hommes dans Paris. Le général Cissey est établi de la gare du Montparnasse à l'École Militaire et achève de border la rive gauche de la Seine jusqu'aux Tuileries. Les généraux Douay et Vinoy enveloppent les Tuileries, le Louvre, la place Vendôme pour se diriger ensuite sur l'Hôtel-de-Ville. Le général Clinchant, maître de l'Opéra, de la gare Saint-Lazare et des Batignolles, vient d'enlever la barricade de Clichy. Il est ainsi au pied de Montmartre que le général Ladmirault vient de tourner avec deux divisions. Le général Montaudon, suivant par le dehors le mouvement du général Ladmirault, a pris Neuilly, Levallois-Perret, Clichy et attaque Saint-Ouen. Il a pris 105 bouches à feu et une foule de prisonniers.

La résistance des insurgés cède peu à peu, et tout fait espérer que si la lutte ne finit pas aujourd'hui, elle sera terminée demain au plus tard pour longtemps.

Le nombre des prisonniers est déjà de 5 à 6,000 et sera le double d'ici à demain. Quant au nombre des morts et des blessés, il est impossible de le fixer, mais il est considérable; l'Armée au contraire n'a fait que des pertes très peu sensibles.

Versailles, 23 Mai, 3 h. 30 du soir.

Le drapeau tricolore flotte sur la butte Montmartre et sur la gare du Nord. Ces positions décisives ont été enlevées par les corps des généraux Clinchant et Ladmirault. On a fait environ 2 à 3 mille prisonniers.

Le général Douay a pris l'église de la Trinité et marche sur la Mairie de la rue Drouot. Les généraux de Cissey et Vinoy se portent sur l'Hôtel-de-Ville et les Tuileries.

A. THIERS.

Versailles. — Imp. de E. AUBERT, 6, avenue de Sceaux.

RÉPUBLIQUE FRANÇAISE

LIBERTÉ — ÉGALITÉ — FRATERNITÉ

COMMUNE DE PARIS

FÉDÉRATION RÉPUBLICAINE

DE LA

GARDE NATIONALE

COMITÉ CENTRAL

Soldats de l'Armée de Versailles,

Nous sommes des pères de famille.

Nous combattons pour empêcher nos enfants d'être, un jour, courbés, comme vous, sous le despotisme militaire.

Vous serez, un jour, pères de famille.

Si vous tirez sur le Peuple aujourd'hui, vos fils vous maudiront, comme nous maudissons les soldats qui ont déchiré les entrailles du Peuple en Juin 1848 et en Décembre 1851.

Il y a deux mois, au 18 Mars, vos frères de l'armée de Paris, le cœur ulcéré contre les lâches qui ont vendu la France, ont fraternisé avec le Peuple : imitez-les.

Soldats, nos enfants et nos frères, écoutez bien ceci, et que votre conscience décide :

Lorsque la consigne est infâme, la désobéissance est un devoir.

3 prairial an 79. *Le Comité central,*

MOREAU, PIAT, B. LACORRE, GEOFFROY, GOUHIER, PRUDHOMME, GAUDIER, FABRE, TIERSONNIER, BONNEFOY, LACORD. TOURNOIS, BAROUD, ROUSSEAU, LAROQUE, MARÉCHAL, BISSON, OUZELOT, BRIN, MARCEAU, LÉVÈQUE, CHOUTEAU, AVOINE fils, NAVARRE, HUSSON, LAGARDE, AUDOYNAUD, HANSER, SOUDRY. LAVALLETTE, CHATEAU, VALATS, PATRIS, FOUGERET, MILLET, BOULLENGER, BOUIT, DUCAMP, GRELIER, DREVET.

IMPRIMERIE NATIONALE. — Mai 1871.

RÉPUBLIQUE FRANÇAISE

N° 395

LIBERTÉ — ÉGALITÉ — FRATERNITÉ

N° 395

COMMUNE DE PARIS

LE PEUPLE DE PARIS
AUX SOLDATS DE VERSAILLES

FRÈRES!

L'heure du grand combat des Peuples contre leurs oppresseurs est arrivée!

N'abandonnez pas la cause des Travailleurs!

Faites comme vos frères du 18 Mars!

Unissez-vous au Peuple, dont vous faites partie!

Laissez les aristocrates, les privilégiés, les bourreaux de l'humanité se défendre eux-mêmes, et le règne de la Justice sera facile à établir.

Quittez vos rangs!

Entrez dans nos demeures.

Venez à nous, au milieu de nos familles. Vous serez accueillis fraternellement et avec joie.

Le Peuple de Paris a confiance en votre patriotisme.

VIVE LA RÉPUBLIQUE !

VIVE LA COMMUNE !

3 prairial an 79.

LA COMMUNE DE PARIS.

2 IMPRIMERIE NATIONALE. — Mai 1871.

RÉPUBLIQUE FRANÇAISE

MAIRIE DU 8ème ARRONDISSEMENT

CHERS CONCITOYENS,

La violence nous avait séparés, la force nous réunit; les administrateurs municipaux que vous avez investis de votre confiance, au temps où nous combattions ensemble l'étranger, reviennent prendre place au milieu de vous.

Avec l'ordre reparaîtra le travail, source de toute richesse, le travail, qu'une coupable insurrection prétendait favoriser, et qu'elle anéantissait.

Les sinistres fauteurs de cette révolte contre le droit trouveront leur condamnation dans la sécurité qui va remplacer la défiance et la terreur, dans l'abondance qui va succéder à de cruelles privations; ils la trouveront surtout dans l'établissement de la liberté, dans le développement sérieux de ces franchises municipales dont la fallacieuse promesse a égaré les sentiments les plus honorables, et que le gouvernement républicain saura donner.

Chers concitoyens, nous vous demandons de joindre vos efforts patriotiques aux nôtres pour réparer les désastres de cette affreuse tempête. Ne songeons qu'à rétablir la paix de la cité, la paix dans la rue, et, ce qui vaut mieux, la paix dans les esprits et dans les cœurs.

Vive la France! Vive la République!

Paris, 24 mai 1871.

Le Maire du 8e Arrondissement,
CARNOT

0147—Paris, IMPRIMERIE JOUAUST, rue Saint-Honoré, 338.

RÉPUBLIQUE FRANÇAISE

LIBERTÉ — ÉGALITÉ — FRATERNITÉ

COMMUNE DE PARIS

COMITÉ DE SALUT PUBLIC

Le Comité de Salut public ARRÊTE :

Art. 1er. Les persiennes ou volets de toutes les fenêtres demeureront ouverts.

Art. 2. Toute maison de laquelle partira un seul coup de fusil ou une agression quelconque contre la Garde nationale sera immédiatement brûlée.

Art. 3. La Garde nationale est chargée de veiller à l'exécution stricte du présent arrêté.

Hôtel-de-Ville, le 3 prairial an 79.

Le Comité de Salut public.

Art. ARNAUD, E. EUDES, F. GAMBON, G. RANVIER.

2 IMPRIMERIE NATIONALE. — Mai 1871.

RÉPUBLIQUE FRANÇAISE

N° 397   LIBERTÉ — ÉGALITÉ — FRATERNITÉ   N° 397

COMMUNE DE PARIS

FÉDÉRATION RÉPUBLICAINE
DE LA
GARDE NATIONALE

COMITÉ CENTRAL

Au moment où les deux camps se recueillent, s'observent et prennent leurs positions stratégiques;

A cet instant suprême où toute une population, arrivée au paroxysme de l'exaspération, est décidée à vaincre ou à mourir pour le maintien de ses droits,

Le Comité central veut faire entendre sa voix.

Nous n'avons lutté que contre un ennemi : *la guerre civile*. Conséquents avec nous-mêmes, soit lorsque nous étions une administration provisoire, soit depuis que nous sommes entièrement éloignés des affaires, nous avons pensé, parlé, agi en ce sens;

Aujourd'hui et pour une dernière fois, en présence des malheurs qui pourraient fondre sur tous,

Nous proposons à l'héroïque Peuple armé qui nous a nommés, nous proposons aux hommes égarés qui nous attaquent la seule solution capable d'arrêter l'effusion du sang, tout en sauvegardant les droits légitimes que Paris a conquis :

1° L'Assemblée nationale, dont le rôle est terminé, doit se dissoudre;

2° La Commune se dissoudra également;

3° L'armée dite *régulière* quittera Paris, et devra s'en éloigner d'au moins 25 kilomètres;

4° Il sera nommé un pouvoir intérimaire, composé des délégués des villes de 50,000 habitants. Ce pouvoir choisira parmi ses Membres un Gouvernement provisoire, qui aura la mission de faire procéder aux élections d'une Constituante et de la Commune de Paris;

5° Il ne sera exercé de représailles ni contre les Membres de l'Assemblée, ni contre les Membres de la Commune, pour tous les faits postérieurs au 26 mars.

Voilà les seules conditions acceptables.

Que tout le sang versé dans une lutte fratricide retombe sur la tête de ceux qui les repousseraient.

Quant à nous, comme par le passé, nous remplirons notre devoir jusqu'au bout.

4 prairial an 79.   *Les Membres du Comité central,*

MOREAU, PIAT, B. LACORRE, GEOFFROY, GOUHIER, PRUDHOMME, GAUDIER, FABRE, TIERSONNIER, BONNEFOY, LACORD, TOURNOIS, BAROUD, ROUSSEAU, LAROQUE, MARÉCHAL, BISSON, OUZELOT, BRIN, MARCEAU, LEVÊQUE, CHOUTEAU, AVOINE fils, NAVARRE, HUSSON, LAGARDE, AUDOYNAUD, HANSER, SOUDRY, LAVALLETTE, CHATEAU, VALATS, PATRIS, FOUGERET, MILLET, BOULLENGER, BOUIT, GRELIER, DREVET.

IMPRIMERIE NATIONALE. — Mai 1871.

RÉPUBLIQUE FRANÇAISE.

DÉPÊCHE TÉLÉGRAPHIQUE.

LE CHEF DU POUVOIR EXÉCUTIF

Aux Préfets et à toutes les Autorités civiles, judiciaires et militaires.

Nous sommes maîtres de Paris, sauf une très petite partie qui sera occupée ce matin. Les Tuileries sont en cendres, le Louvre est sauvé. La partie du Ministère des Finances qui longe la rue de Rivoli a été incendiée. Le Palais du quai d'Orsay, dans lequel siégeaient le Conseil d'État et la Cour des Comptes, a été incendié également. Tel est l'état dans lequel Paris nous est livré par les scélérats qui l'opprimaient et le déshonoraient. Ils nous ont laissé 12,000 prisonniers et nous en aurons certainement 18 à 20,000. Le sol de Paris est jonché de leurs cadavres. Ce spectacle affreux servira de leçon, il faut l'espérer, aux insurgés qui osaient se déclarer partisans de la Commune. La justice, du reste, satisfera bientôt la conscience humaine indignée des actes monstrueux dont la France et le monde viennent d'être témoins.

L'Armée a été admirable. Nous sommes heureux dans notre malheur de pouvoir annoncer que, grâce à la sagesse de nos Généraux, elle a essuyé très peu de pertes.

A. THIERS.

Versailles, 25 Mai 1871, 7 h. 25 du matin.

Versailles. — Imp. de E. AUBERT, 6, avenue de Sceaux.

REPUBLIQUE FRANÇAISE

MAIRIE DU 8ᵉ ARRONDISSEMENT

AUX HABITANTS

Du 8ᵉ Arrondissement

Les audacieux criminels que nous combattons ont dépassé toutes les prévisions, même les plus sinistres.

Citoyens, que tout le monde soit debout!

Redoublez de vigilance; protégez vos habitations par une surveillance incessante de jour et de nuit.

Mais restez dans le périmètre de vos résidences pour ne pas gêner l'action militaire de nos braves défenseurs.

La Raison, la Justice, le Droit, triompheront du crime, n'en doutez pas.

Je n'ai pas besoin de faire appel à votre patriotisme, car il y va de l'honneur de la France, du salut de Paris, de la sécurité de tous!

Courage! La sollicitude de l'Administration municipale ne vous fera pas défaut un seul instant.

Paris, 25 Mai 1871.

Pour le Maire du 8ᵉ Arrondissement,

DENORMANDIE.

9143—Paris, IMPRIMERIE JOUAUST, rue Saint-Honoré, 338.

RÉPUBLIQUE FRANÇAISE

LIBERTÉ — EGALITÉ — FRATERNITÉ
SOLIDARITÉ

DÉLÉGATION COMMUNALE

du 2ᵉ Arrondissement

Les Monarchistes qui veulent anéantir Paris se croient sûrs de la victoire; ils ne font que creuser leur tombe!

Aux barricades! Frères, aux barricades!

Que chaque coin de rue devienne une forteresse; que les enfants roulent des pavés; que les femmes cousent des sacs à terre.

Aux armes, Bataillons fédérés!

La Province, éclairée, enthousiasmée, marche à notre aide! Aujourd'hui la lutte acharnée, demain, la victoire définitive!

Debout! vous tenez en vos mains le sort de la Révolution!

VIVE LA RÉPUBLIQUE! VIVE LA COMMUNE!

Approuvé par la Délégation communale:

EUGÈNE POTTIER, A. SERRAILLER,
JACQUES DURAND, J. JOHANNARD.

Paris. — Imp. Lefèvre.

PRÉFECTURE
DE POLICE.

Des demandes de laisser-passer sont adressées en grand nombre à l'Autorité.

Le Général, délégué aux fonctions de Préfet de police, s'empresse de faire connaître que, d'après les recommandations expresses de l'Autorité militaire, ces demandes ne peuvent, à raison des circonstances, être accueillies qu'avec la plus grande réserve. Les laisser-passer peuvent donner la faculté d'entrer dans Paris, mais non d'en sortir, à moins qu'on ne soit chargé d'une affaire de service urgente, intéressant l'Etat.

Versailles, le 25 Mai 1871.

Le Général, délégué aux fonctions de Préfet de police,

VALENTIN.

Versailles.—Imprimerie de L. AUBERT, 6, avenue de Sceaux.

CIRCULAIRE
du Ministre de l'Intérieur aux Préfets

Versailles, 25 mai 1871, 10 h. 10 matin.

Rassurez les populations, l'insurrection est vaincue. Elle ne tient plus que dans quelques retranchements, où elle est cernée.

La population indignée acclame l'armée qui l'a délivrée des oppresseurs et des incendiaires.

Le Louvre est sauvé, ainsi que la Banque et la Bibliothèque nationale, menacée par les flammes des Tuileries. Des pompiers sont accourus des départements voisins, au premier appel et donnent leur concours le plus dévoué.

Signé : E. PICARD.

Pour copie conforme :

Le Préfet de la Loire, DUCROS.

BENEVENT, imprimeur de la Préfecture, place de l'Hôtel-de-Ville, 4, à Saint-Etienne.

RÉPUBLIQUE FRANÇAISE
N° 398

LIBERTÉ — ÉGALITÉ — FRATERNITÉ

N° 398

COMMUNE DE PARIS

ORDRE

Faire détruire immédiatement toute maison des fenêtres de laquelle on aura tiré sur la Garde nationale, et passer par les armes tous ses habitants, s'ils ne livrent et exécutent eux-mêmes les auteurs de ce crime.

4 prairial an 79

LA COMMISSION DE LA GUERRE.

2 IMPRIMERIE NATIONALE. — Mai 1871

RÉPUBLIQUE FRANÇAISE.

LIBERTÉ, ÉGALITÉ, FRATERNITÉ.

VILLE DE PARIS.

VI° ARRONDISSEMENT.

Le Commandant supérieur fait appel aux habitants de l'arrondissement; il les invite à donner leur concours aux personnes qui, depuis quelques jours, prennent une part active aux travaux de secours, particulièrement au *carrefour de la Croix-Rouge et rue Vavin*, et veillent à la sécurité publique.

Paris, ce 26 mai 1871.

E. DEMAY,

Paris.—Imprimerie de Mme Ve Bouchard-Huzard, rue de l'Eperon, 5.

RÉPUBLIQUE FRANÇAISE

LIBERTÉ. — ÉGALITÉ. — FRATERNITÉ.

COMMUNE DE PARIS

CITOYENS DU XXme ARRONDISSEMENT,

Le moment est venu de combattre avec acharnement un ennemi qui nous fait depuis deux mois une guerre sans pitié.

Si nous succombions, vous savez quel sort nous serait réservé. Aux armes! donc, et ne les quittons plus qu'après la victoire. De la vigilance, surtout la nuit. Soyons toujours prêts, afin d'éviter les ruses de guerre de nos ennemis.

Je viens donc dans un intérêt commun, au nom de la solidarité qui unit en ce moment tous les révolutionnaires, vous demander d'exécuter fidèlement les ordres qui vous seront transmis.

Il est un grave danger que je veux vous signaler, c'est le refus de la garde nationale de se porter en avant, sous le prétexte de garder les barricades de quartiers qui ne sont point menacés. Prêtez votre concours au XIXe Arrondissement, aidez-le à repousser l'ennemi, là est votre sécurité, et la victoire est à ce prix.

N'attendez pas que Belleville soit lui-même attaqué, il serait peut-être trop tard. En avant donc! et Belleville aura encore une fois triomphé.

Vive la République!

Belleville, 25 mai 1871.

Le Membre du Comité de Salut public,
G. RANVIER.

Les Membres de la Commune,
BERGERET, VIARD, TRINQUET.

Paris. — Imprimerie PRISSETTE, passage Kosznor, 17. — Maison passage du Caire, 17.

RÉPUBLIQUE FRANÇAISE

GARDE NATIONALE

DE PARIS

HUITIÈME BATAILLON

MES CHERS CAMARADES,

Un ordre du jour de notre Commandant supérieur nous ordonne de rester en permanence pour concourir au rétablissement de la sécurité.

Notre bataillon a été cité comme un modèle d'ordre, d'union, de courage et de discipline.

Plus que jamais, nous devons être unis et compactes pour combattre le **crime** et **l'incendie**. Joignez-vous donc à moi; songez que les efforts isolés sont stériles et que la concentration seule peut assurer des secours efficaces.

Le Bataillon est **en permanence au GRAND HOTEL,** pour de là se diriger sur tel point de l'arrondissement qui serait menacé.

J'ai les fonds nécessaires pour assurer le service de la solde.

Je compte sur vous pour vous grouper autour de moi et autour de nos camarades qui, avec un louable empressement, ont répondu à mon appel; croyez à tout mon dévouement et permettez-moi d'espérer que vous ne serez pas insensibles aux désastres de la Patrie.

PARIS, 25 Mai, 8 heures du soir.

Le Chef du 8e Bataillon,

SIMON

Imprimerie de DUBUISSON et Cie, 5, rue Coq-Héron.— 906

MUR. COM.

Répulique Française

AVIS

HABITANTS DE MONTMARTRE,

Les lueurs sinistres de Paris incendié par les pillards crapuleux, qui osaient vous parler de fraternité, et vous promettaient de régénérer la France, ont dû vous faire comprendre ce qu'ils auraient fait, s'ils n'avaient pas été écrasés comme des vipères immondes.

Le lieutenant-colonel commandant la place compte sur le dévouement de chaque habitant, pour partager avec la troupe la surveillance du quartier. Pour calmer l'inquiétude générale, il prévient qu'il a fait préparer une solution ammoniacale contre les incendies au pétrole, et que des bouteilles sont déposées dans différents postes.

Le Lieutenant-Colonel du 69e,
PERRIER.

Montmartre, 26 mai 1871.

Paris. Imp. S. BLOC, Montmartre.

RÉPUBLIQUE FRANÇAISE

Liberté — Egalité — Fraternité

MAIRIE DE L'OBSERVATOIRE

AUX HABITANTS DU XIVᴱ ARRONDISSEMENT

Citoyens,

Depuis deux mois, des hommes aveuglés par leur ambition coupable, profitant des désastres de la Patrie, se sont emparés de l'administration de notre malheureuse Cité, sous le prétexte d'obtenir les franchises municipales.

Qu'ont-ils fait ?

Ils ont semé le deuil et la misère dans vos familles !

Ils ont incendié ou détruit les monuments qui faisaient la gloire de notre pays.

Ils voulaient, disaient-ils, établir la liberté individuelle?

Ils ont proscrit ou emprisonné des milliers de citoyens et employé la force pour entraîner des FRANÇAIS à combattre des FRANÇAIS.

Ils voulaient la liberté de la presse ?

Ils ont supprimé tous les journaux qui avaient le courage de les discuter.

Ils demandaient le droit de réunion?

Et ils l'ont rendu presque impossible pour l'avenir par de honteuses mascarades dont ils se sont faits les complices.

Ils proclamaient la liberté de conscience, et ils interdisaient l'exercice des cultes.

Il était temps de mettre fin à cette orgie de pouvoir qui, trop longtemps, hélas! a pesé sur vous. Le Chef du Pouvoir Exécutif a promis d'user de clémence envers ceux qui n'ont été qu'égarés. Il tiendra sa promesse, mais il est fermement résolu à appliquer la loi aux coupables.

Aujourd'hui l'Ordre est rétabli; la Liberté va renaître; avec elle, les affaires vont reprendre leur essor.

En attendant que le travail ait reparu à l'atelier, des secours seront distribués aux nécessiteux, comme par le passé.

Aussitôt que cela sera possible, vous serez appelés à nommer votre Conseil municipal en vertu de la loi votée par l'Assemblée nationale.

Aux citoyens que vous aurez choisis incombera la tâche lourde et difficile de rétablir l'ordre et l'économie dans notre administration municipale et de prendre les mesures nécessaires pour ramener l'abondance et la prospérité dans notre cher Paris.

Citoyens,

En présence de la guerre civile qui venait d'éclater, j'ai cru devoir retirer ma démission afin que le quatorzième arrondissement fût représenté et vos intérêts défendus dans la crise que nous traversons en ce moment.

Comptez sur moi pour vous protéger, comme je compte sur vous pour me faciliter ma tâche.

VIVE LA FRANCE! VIVE LA RÉPUBLIQUE!

LE MAIRE DU XIVᶜ ARRONDISSEMENT

HÉLIGON

5203 Paris.—Imprimerie A.-E Rochelle 90, boul. Montparnasse.

RÉPUBLIQUE FRANÇAISE.

LIBERTÉ, ÉGALITÉ, FRATERNITÉ.

VILLE DE PARIS.

HABITANTS DU VIᵉ ARRONDISSEMENT,

La République française rentre dans Paris au nom du droit et de la souveraineté nationale; c'est également au nom du droit que je reprends possession de la Mairie où vos libres suffrages m'avaient appelé.

L'attentat du 18 mars, digne fils du coup d'État du 2 décembre, n'aurait abouti, en cas de succès, qu'à une restauration bonapartiste imposée par les armes prussiennes. Les insensés qui l'ont accompli ne pouvaient ignorer cela, leur tentative était donc doublement criminelle.

Les véritables républicains se devaient à eux-mêmes, ils devaient à la France de ne pas pactiser avec l'émeute, et leur fermeté consciencieuse vous a épargné la dernière des humiliations.

Il s'agit maintenant de réparer nos désastres et de panser nos blessures. La guerre civile a fait bien des victimes, elle a aggravé bien des infortunes; nous allons nous remettre courageusement à l'œuvre, guidés par le sentiment du devoir et l'amour sacré de la patrie; peu à peu nous relèverons nos ruines.

Je fais appel à tous ceux qui, pendant le siége, m'ont déjà si puissamment aidé, et je sollicite avec instance le concours de tous les bons citoyens.

Qu'ils viennent aussi à nous, ceux-là qui étaient de bonne foi, que l'ignorance ou la misère a égarés; la criminelle folie de ces hommes pervers les a, je pense désabusés, et nous leur tendrons une main fraternelle.

Chers concitoyens,

Dévoué plus que jamais à vos intérêts et à ceux de notre malheureuse capitale, je suis aujourd'hui ce que j'étais hier, et ma seule ambition est de faire aimer la République; que mon nom soit donc pour vous le signe de l'union et de la concorde.

Au nom de la patrie, serrons-nous tous étroitement autour du drapeau de la République, autour de ce noble drapeau tricolore, élevé si haut par nos pères qu'aucune souillure n'a pu l'atteindre, et si nous avons répudié la démagogie, gardons-nous soigneusement de tout sentiment de réaction. A ces conditions, nous pouvons espérer voir bientôt renaître le calme et la prospérité qui nous sont nécessaires.

Paris, 26 mai 1871.

Le Maire,

CHARLES HÉRISSON.

Paris. — Impr. de Mme Vᵉ BOUCHARD-HUZARD, rue de l'Eperon, 5.

RÉPUBLIQUE FRANÇAISE.

DÉPÊCHE TÉLÉGRAPHIQUE.

LE CHEF DU POUVOIR EXÉCUTIF

Aux Préfets et à toutes les Autorités civiles, judiciaires et militaires.

Nos troupes n'ont pas cessé de suivre l'insurrection pied à pied, lui enlevant chaque jour les positions les plus importantes de la Capitale, et lui faisant des prisonniers qui s'élèvent jusqu'ici à 25,000, sans compter un nombre considérable de morts et de blessés. Dans cette marche sagement calculée, nos généraux et leur illustre chef ont voulu ménager nos braves soldats, qui n'auraient qu'à enlever au pas de course les obstacles qui leur étaient opposés.

Tandis qu'au dehors de l'enceinte, notre principal officier de cavalerie, le général Du Barail, prenait avec des troupes à cheval les forts de Montrouge, de Bicêtre et d'Ivry, et qu'au dedans le corps de Cissey exécutait les belles opérations qui nous ont procuré toute la rive gauche, le général Vinoy, suivant le cours de la Seine, s'est porté vers la place de la Bastille, hérissée de retranchements formidables, a enlevé cette position avec la division Vergé, puis, avec les divisions Bruat et Faron, s'est emparé du faubourg Saint-Antoine jusqu'à la place du Trône. Il ne faut pas oublier, dans cette opération, le concours efficace et brillant que notre flottille a donné aux troupes du général Vinoy. Ces troupes ont aujourd'hui même enlevé une forte barricade au coin de l'avenue Philippe-Auguste et de la rue de Montreuil; elles ont ainsi pris position à l'est et au pied des hauteurs de Belleville, dernier asile de cette insurrection qui, en fuyant, tire de sa défaite la monstrueuse vengeance de l'incendie.

Au centre, en tournant vers l'est, le corps de Douay a suivi la ligne des boulevards, appuyant sa droite à la place de la Bastille et sa gauche au cirque Napoléon. Le corps de Clinchant, venant se rallier à l'ouest au corps Ladmirault, a eu à vaincre aux Magasins-Réunis une violente résistance qu'il a vaillamment surmontée. Enfin, le corps du général de Ladmirault, après avoir en-levé avec vigueur les gares du Nord et de l'Est, s'est porté à la Villette et a pris position au pied des Buttes-Chaumont.

Ainsi, les deux tiers de l'Armée, après avoir conquis successivement toute la rive droite, sont venus se ranger au pied des hauteurs de Belleville qu'il doit attaquer demain matin. Pendant ces six jours de combats continus, nos soldats se sont montrés aussi énergiques qu'infatigables et ont opéré de véritables prodiges, bien autrement méritoires de la part de ceux qui attaquent des barricades que de ceux qui les défendent. Leurs chefs se sont montrés dignes de commander à de tels hommes et ont pleinement justifié le vote que l'Assemblée leur a décerné. Après les quelques heures de repos qu'ils prennent en ce moment, ils termineront demain matin sur les hauteurs de Belleville la glorieuse campagne qu'ils ont entreprise contre les démagogues les plus odieux et les plus scélérats que le monde ait vus, et leurs patriotiques efforts mériteront l'éternelle reconnaissance de la France et de l'humanité. Du reste, ce n'est pas sans avoir fait des pertes douloureuses que notre Armée a rendu au pays de si mémorables services. Le nombre de nos morts et de nos blessés n'est pas grand, mais les coups sont sensibles. Ainsi, nous avons à regretter le général Leroy de Dais, l'un des officiers les plus braves et les plus distingués de nos armées. Le commandant Ségoyer, du 26e bataillon des chasseurs à pied, s'étant trop avancé, a été pris par les scélérats qui défendaient la Bastille, et, sans respect des lois de la guerre, a été immédiatement fusillé. Ce fait du reste concorde avec la conduite de gens qui incendient nos villes et nos monuments, et qui avaient réuni des liqueurs vénéneuses pour empoisonner nos soldats presque instantanément.

A. THIERS,

Versailles, 27 mai 1871, 7 h. 15 du soir.

Versailles. — Imp. de E. Aubert, 7, avenue de Sceaux.

RÉPUBLIQUE FRANÇAISE

VILLE DE PARIS

Mairie du 2ᵉ Arrondissement

CHERS CONCITOYENS,

J'ai accepté par dévouement les délicates fonctions de Maire provisoire.

Secondez mes efforts par votre calme et par votre vigilance. Pas de faiblesse, mais, pas de rigueurs inutiles.

Répression ferme et énergique de tout acte coupable, surveillance active, incessante; protection à qui souffre, appui à ce qui est menacé, voilà nos devoirs actuels, ni vous, ni moi, nous n'y manquerons.

Le 27 Mai 1871.

Le Maire provisoire,
E. DUBOIS.

Paris. — Imprimerie PRISSETTE. passage du Caire, 17.

RÉPUBLIQUE FRANÇAISE.

LIBERTÉ, ÉGALITÉ, FRATERNITÉ.

12ᵉ ARRONDISSEMENT.

MAIRIE DE REUILLY.

Le Maire fait savoir aux habitants du 12ᵉ Arrondissement que les corps recueillis sur la voie publique sont déposés provisoirement à l'Ambulance, rue de Reuilly, nᵒ 77, et au Cimetière de Bercy, rue de Charenton, où l'on pourra les réclamer.

Paris, le 27 mai 1871.

Le Maire,
ALFRED GRIVOT.

Les Adjoints :
DENIZOT,
DUMAS,
FURILLON.

Typ. CHARLES DE MOURGUES frères, Imprimeurs, rue J.-J. Rousseau, 58. — 1624.

RÉPUBLIQUE FRANÇAISE

MAIRIE DU IXᴹᴱ ARRONDISSENENT

CHERS CONCITOYENS,

Notre brave armée achève de triompher d'une sédition qui a failli consommer la destruction de tout l'état social, et qui se venge de son impuissance en disparaissant au milieu des ruines.

Pour réparer tant de désastres, pour rétablir le travail, la confiance et la paix, nous appelons tous les bons citoyens à notre aide.

Nous revenons nous-mêmes au milieu de vous, jusqu'à l'établissement d'un état de chose définitif, apporter à cette œuvre tout ce que nous avons d'énergie et de dévouement.

Paris, le 27 Mai 1871.

Pour la Mairie du IXᵒ Arrondissement :
EMILE FERRY
ALFRED ANDRÉ

Imprimerie de la Mairie du IXᵉ Arrondissement. — A. CHAIX et Cie, rue Bergère, 20, à Paris. — 3048-1.

RÉPUBLIQUE FRANÇAISE.

DÉPÊCHE TÉLÉGRAPHIQUE.

LE CHEF DU POUVOIR EXÉCUTIF
Aux Préfets et à toutes les Autorités civiles, judiciaires et militaires.

Nos corps d'armée chargés d'opérer sur la rive droite étaient dès hier au soir rangés en cercle au pied des Buttes-Chaumont et des hauteurs de Belleville. Cette nuit, ils ont surmonté tous les obstacles.

Le général Ladmirault a franchi le bassin de la Villette, l'abattoir, le parc aux bestiaux, et gravi les Buttes-Chaumont et les hauteurs de Belleville. Le jeune Davoust, si digne du nom qu'il porte, a enlevé les barricades, et, au jour, le corps Ladmirault couronnait les hauteurs. De son côté, le corps de Douay partait du boulevard Richard-Lenoir pour aborder par le centre les mêmes positions de Belleville. Pendant le même temps, le général Vinoy a gravi le cimetière du Père-Lachaise, enlevé la mairie du 2ᵉ arrondissement et la prison de la Roquette. Les marins ont partout déployé leur entrain accoutumé. En entrant dans la Roquette, nous avons eu la consolation de sauver 169 ôtages qui allaient être fusillés. Mais, hélas! les scélérats auxquels nous sommes obligés d'arracher Paris incendié et ensanglanté, avaient eu le temps d'en fusiller 64, parmi lesquels nous avons la douleur d'annoncer que se trouvaient l'archevêque de Paris, l'abbé Deguerry, le meilleur des hommes, le président Bonjean, et quantité d'hommes de bien et de mérite. Après avoir égorgé ces jours derniers le généreux Chaudey, cœur plein de bonté, républicain invariable, qui pouvaient-ils épargner?

Maintenant, rejetés à l'extrémité de l'enceinte, entre l'armée Française et les Prussiens qui leur ont refusé passage, ils vont expier leurs crimes et n'ont plus qu'à mourir ou à se rendre. Le trop coupable Delescluze a été ramassé mort par les troupes du général Clinchant. Millière, non moins fameux, a été passé par les armes pour avoir tiré trois coups de revolver sur un caporal qui l'arrêtait. Ces expiations ne consolent pas de tant de malheurs, de tant de crimes surtout, mais elles doivent apprendre à ces insensés qu'on ne provoque, qu'on ne défie pas en vain la civilisation, et que bientôt la justice répond pour elle!

L'insurrection, parquée dans un espace de quelques centaines de mètres, est vaincue, définitivement vaincue. La paix va renaître, mais elle ne saurait chasser des cœurs honnêtes et patriotes la profonde douleur dont ils sont pénétrés.

A. THIERS.

Versailles, 28 Mai 1871, 2 h. 15 du soir.

Versailles.—Imprimerie de E. AUBERT, 6, avenue de Sceaux.

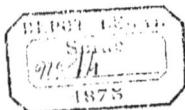

REPUBLIQUE FRANÇAISE.

DÉPARTEMENT DE LA SEINE.

Paris, 28 Mai 1871.

Monsieur le Commandant **Thierce** est délégué à la Mairie du 13e Arrondissement, pour y rétablir les services administratifs, à l'exclusion de toute autre personne.

Je le prie de se mettre en rapport avec moi, pour les besoins de l'Arrondissement.

Signé : **Jules FERRY.**

Pour copie conforme :
le Délégué à la Mairie du 13e Arrond¹.
L. H. THIERCE.

Imp. mécanique, Courtot et Cié, Avenue d'Italie, 73.

RÉPUBLIQUE FRANÇAISE

1er Arrondissement

MAIRIE DU LOUVRE

Conformément aux ordres du Général **GRENIER,** Commandant la 1re Division d'infanterie du 1er corps, la Municipalité du 1er arrondissement rappelle aux habitants qu'il est indispensable de faire disparaître immédiatement les barricades qui restent encore devant leurs maisons, afin de mettre la chaussée en état de viabilité. La Municipalité serait obligée de les faire enlever aux frais des habitants, s'ils n'y procédaient eux-mêmes.

Les Adjoints :
ADOLPHE ADAM
JULES MÉLINE

9593   Paris. — Typographie et Lithographie RENOU et MAULDE, rue de Rivoli, 144.

RÉPUBLIQUE FRANÇAISE

HABITANTS DE PARIS,

L'armée de la France est venue vous sauver. Paris est délivré.

Nos soldats ont enlevé à quatre heures les dernières positions occupées par les insurgés.

Aujourd'hui la lutte est terminée : l'ordre, le travail et la sécurité vont renaître.

Au quartier général, le 28 mai 1871.

Le Maréchal de France, Commandant en Chef,

Maréchal de MAC-MAHON, duc de Magenta.

Paris. — Imprimerie DUBUISSON et Cⁱᵉ, 5, rue Coq-Héron.   907

APPENDICE

RÉPUBLIQUE FRANÇAISE.

CIRCULAIRE

Adressée aux Agents diplomatiques de France,

Par le Vice-Président de la défense nationale, Ministre des Affaires étrangères.

MONSIEUR,

Les événements qui viennent de s'accomplir à Paris s'expliquent si bien par la logique inexorable des faits qu'il est inutile d'insister longuement sur leur sens et leur portée.

En cédant à un élan irrésistible, trop longtemps contenu, la population de Paris a obéi à une nécessité supérieure, celle de son propre salut.

Elle n'a pas voulu périr avec le pouvoir criminel qui conduisait la France à sa perte.

Elle n'a pas prononcé la déchéance de Napoléon III et de sa dynastie; elle l'a enregistrée au nom du droit, de la justice et du salut public.

Et cette sentence était si bien ratifiée à l'avance par la conscience de tous, que nul, parmi les défenseurs les plus bruyants du pouvoir qui tombait, ne s'est levé pour le soutenir.

Il s'est effondré de lui-même, sous le poids de ses fautes, aux acclamations d'un peuple immense, sans qu'une goutte de sang n'ait été versée, sans qu'une personne ait été privée de sa liberté.

Et l'on a pu voir, chose inouïe dans l'histoire, les citoyens auxquels le cri du peuple conférait le mandat périlleux de combattre et de vaincre, ne pas songer un instant aux adversaires qui, la veille, les menaçaient d'exécutions militaires, ne les traitant ni même en vaincus.

repression quelconque qu'ils ont constaté leur aveuglement et leur impuissance.

L'ordre n'a pas été troublé un seul moment; notre confiance dans la sagesse et le patriotisme de la garde nationale et de la population tout entière, nous permet d'affirmer qu'il ne le sera pas.

Délivré de la honte et du péril d'un gouvernement traître à tous ses devoirs, chacun comprend que le premier acte de cette souveraineté nationale, enfin reconquise, est de se commander à soi-même et de chercher sa force dans le respect du droit.

D'ailleurs, le temps presse : l'ennemi est à nos portes; nous n'avons qu'une pensée, le repousser hors de notre territoire.

Mais cette obligation, que nous acceptons résolûment, ce n'est pas nous qui l'avons imposée à la France; elle ne la subirait pas si notre voix avait été écoutée.

Nous avons défendu énergiquement, au prix même de notre popularité, la politique de la paix. Nous y persévérons avec une conviction de plus en plus profonde.

Notre cœur se brise au spectacle de ces massacres humains dans lesquels disparaît la fleur

des deux nations, qu'avec un peu de bon sens et beaucoup de liberté on aurait préservée de ces effroyables catastrophes.

Nous n'avons pas d'expression qui puisse peindre notre admiration pour notre héroïque armée, sacrifiée par l'impéritie du commandement suprème, et cependant plus grande par ses défaites que par les plus brillantes victoires.

Car, malgré la connaissance des fautes qui la compromettaient, elle s'est immolée, sublime, devant une mort certaine, et rachetant l'honneur de la France des souillures de son Gouvernement.

Honneur à elle! La Nation lui ouvre ses bras! Le pouvoir impérial a voulu les diviser; les malheurs et le devoir les confondent dans une solennelle étreinte. Scellée par le patriotisme et la liberté, cette alliance nous fait invincibles.

Prêts à tout, nous envisageons avec calme la situation qui nous est faite.

Cette situation, je la précise en quelques mots; je la soumets au jugement de mon Pays et de l'Europe.

Nous avons hautement condamné la guerre, et, protestant de notre respect pour le droit des Peuples, nous avons demandé qu'on laissât l'Allemagne maîtresse de ses destinées.

Nous voulions que la liberté fût à la fois notre lien commun et notre commun bouclier; nous

raient à jamais le maintien de la paix. Mais, comme sanction, nous réclamions une arme pour chaque citoyen, une organisation civique, des chefs élus; alors nous demeurions inexpugnables sur notre sol.

Le Gouvernement impérial, qui avait depuis longtemps séparé ses intérêts de ceux du Pays, a repoussé cette politique. Nous la reprenons, avec l'espoir qu'instruite par l'expérience, la France aura la sagesse de la pratiquer.

De son côté, le roi de Prusse a déclaré qu'il faisait la guerre, non à la France, mais à la Dynastie impériale.

La Dynastie est à terre. La France libre se lève.

Le roi de Prusse veut-il continuer une lutte impie, qui ne lui sera au moins aussi fatale qu'à nous?

Veut-il donner au monde du dix-neuvième siècle ce cruel spectacle de deux nations qui s'entre-détruisent et, qui, oublieuses de l'humanité, de la raison, de la science, accumulent les ruines et les cadavres?

Libre à lui; qu'il assume cette responsabilité devant le monde et devant l'histoire!

Si c'est un défi, nous l'acceptons.

Nous ne céderons ni un pouce de notre territoire, ni une pierre de nos forteresses.

Une paix honteuse serait une guerre d'extermination à courte échéance.

Nous ne traiterons que pour une paix durable.

Ici, notre intérêt est celui de l'Europe entière, et nous avons lieu d'espérer que, dégagée de toute préoccupation dynastique, la question se posera ainsi dans les chancelleries.

Mais fussions-nous seuls, nous ne faiblirons pas.

Nous avons une armée résolue, des forts bien pourvus, une enceinte bien établie, mais surtout les poitrines de trois cent mille combattants décidés à tenir jusqu'au dernier.

Quand ils vont pieusement déposer des couronnes aux pieds de la statue de Strasbourg, ils n'obéissent pas seulement à un sentiment d'admiration enthousiaste, ils prennent leur héroïque mot d'ordre, ils jurent d'être dignes de leurs frères d'Alsace et de mourir comme eux.

Après les forts, les remparts; après les remparts, les barricades. Paris peut tenir trois mois et vaincre; s'il succombait, la France, debout à son appel, le vengerait; elle continuerait la lutte, et l'agresseur y périrait.

Voilà, Monsieur, ce que l'Europe doit savoir. Nous n'avons pas accepté le pouvoir dans un autre but. Nous ne le conserverons pas une

minute si nous ne trouvions pas la population de Paris et la France entière décidées à partager nos résolutions.

Je les résume d'un mot devant Dieu qui nous entend, devant la postérité qui nous jugera; nous ne voulons que la paix. Mais si l'on continue contre nous une guerre funeste que nous avons condamnée, nous ferons notre devoir jusqu'au bout, et j'ai la ferme confiance que notre cause, qui est celle du droit et de la justice, finira par triompher.

C'est en ce sens que je vous invite à expliquer la situation à M. le Ministre de la cour près de laquelle vous êtes accrédité, et entre les mains duquel vous laisserez copie de ce document.

Agréez, Monsieur, l'expression de ma haute considération.

Le 6 septembre 1870.

Le Ministre des Affaires étrangères,

Jules FAVRE.

Le Ministre des Affaires étrangères a reçu de la Légation des États-Unis la note suivante :

Monsieur, j'ai reçu, la nuit dernière, à onze heures, la communication que vous m'avez fait l'honneur de m'adresser à la date du 5 courant, et par laquelle vous me faisiez savoir que, en vertu d'une résolution adoptée par les membres du Gouvernement de la défense nationale, le département des Affaires étrangères vous avait été confié.

J'ai, en fait, la satisfaction de vous annoncer que j'ai reçu de mon Gouvernement un télégramme par lequel il me donne mission de reconnaître le Gouvernement de la défense nationale comme le Gouvernement de la France.

En conséquence, je suis prêt à entrer en relations avec ce Gouvernement, si vous le voulez bien, à traiter avec lui toutes les affaires ressortissant aux fonctions dont je suis revêtu.

En faisant cette communication à Votre Excellence, je la prie d'agréer pour Elle-même et pour les Membres de la défense nationale les félicitations du Gouvernement et du Peuple des États-Unis; ils auront appris avec enthousiasme la proclamation de cette République qui s'est instituée en France sans qu'une goutte de sang ait été versée, et ils s'associeront par le cœur et sympathiquement à ce grand mouvement qu'ils espèrent et croient devoir être fécond en résultats heureux pour le Peuple français et pour l'humanité tout entière.

Jouissant depuis près d'un siècle des innombrables bienfaits du Gouvernement républicain, le Peuple des États-Unis ne peut s'assurer qu'avec le plus profond intérêt aux efforts de ce Peuple français, auquel le rattache les liens d'une

amitié traditionnelle et qui cherche à fonder les institutions par lesquelles on assurera à la génération présente, comme à sa postérité, le droit inaliénable de vivre en travaillant au bonheur de tous.

En terminant, je tiens à dire à Votre Excellence que je me félicite d'avoir pour intermédiaire entre le Gouvernement de la défense nationale et moi l'homme si distingué dont on apprécie tant, dans mon propre pays, le caractère élevé, et qui a consacré avec dévoûment toutes les forces de son intelligence à la cause de la liberté humaine et des gouvernements libres.

Agréez, etc.

WASHBURN.

RÉPUBLIQUE FRANÇAISE

LIBERTÉ, ÉGALITÉ, FRATERNITÉ

Mairie de Saint-Étienne.

DÉPÊCHE TÉLÉGRAPHIQUE

Paris, le 5 septembre 1870, 7 heures 30 minutes.

Le Ministre des travaux publics à Monsieur le Maire de Saint-Étienne.

La République française conserve le drapeau de 92.

Les Trois-Couleurs flottent sur l'hôtel de ville.

Pour copie conforme :

Le Maire provisoire,

TIBLIER-VERNE.

Saint-Étienne, imprimerie Montagny, angle des rues de Lodi et Gérentet.

RÉPUBLIQUE FRANÇAISE

Liberté — Égalité — Fraternité

MAIRIE DE SAINT-ÉTIENNE

Citoyens,

Le Conseil municipal, issu de vos suffrages est installé à l'hôtel-de-ville. Il nous confie l'administration provisoire de la commune. Le danger de la France est notre première préoccupation. Nous unissons nos efforts à ceux du Gouvernement de défense nationale et nous prenons toutes les mesures en notre pouvoir pour le seconder.

Les opérations de recrutement de l'armée seront promptement exécutées. Dès aujourd'hui une Commission s'occupe de la garde nationale sédentaire.

Encore une fois nous faisons appel au dévouement de tous les citoyens qui veulent le triomphe de la Liberté, et nous demandons leur concours pour le maintien de l'ordre.

Plus que jamais, soyons unis, les dangers de la Patrie l'exigent.

Vive la République !

Saint-Étienne, 5 septembre 1870.

Les Membres de l'administration provisoire :

TIBLIER-VERNE, *maire.*
V. HERVIER, *adjoint.*
BOUDAREL, *idem.*
CHARBOGNE, *idem.*
CHAZEAU, *idem.*
FONTVIEILLE, *idem.*
PASCAL, *idem.*

Saint-Étienne, imprimerie BÉNÉVENT, place de l'Hôtel-de-Ville. 4.

RÉPUBLIQUE FRANÇAISE

VILLE DE VERSAILLES

HABITANTS DE VERSAILLES ET CHERS CONCITOYENS,

Votre Conseil municipal, sous la pression des plus impérieuses nécessités, nous a remis, hier, des pouvoirs que la précédente Administration municipale a cru qu'il était de son devoir de résigner.

Dans ce moment de crise, il ne saurait être question de formuler un programme; tous nos soins doivent se concentrer exclusivement sur les mesures relatives à la protection de la ville et à son approvisionnement.

Votre attitude nous prouvera votre confiance, comme notre conduite vous démontrera notre dévouement.

Soutenons de toutes nos forces LE GOUVERNEMENT qui a eu le courage de prendre en mains LA DEFENSE de nos intérêts les plus sacrés.

VIVE LA RÉPUBLIQUE!

Les Adjoints élus :   Le Maire élu :

LASNE, LAURENT-HANIN, DEROISIN.   **RAMEAU.**

Versailles, le 6 Septembre 1870.

Versailles. — Imprimerie de E. AUBERT, 6, avenue de Sceaux.

Faire publier et afficher immédiatement.

RÉPUBLIQUE FRANÇAISE

COMITÉ DÉPARTEMENTAL PROVISOIRE

Citoyens,

Il était urgent d'enlever au Préfet d'un gouvernement qui nous a trahis les pouvoirs qu'il détenait encore

Il fallait pour cela procéder révolutionnairement. Un groupe de citoyens l'a fait avec l'assistance du Conseil municipal provisoire.

En conséquence, le Préfet de l'Isère a été relevé de ses fonctions. Un comité exécutif provisoire de cinq membres a été institué. Il se compose de MM. JULHIET, notaire; RECOURA, notaire; BOVIER-LAPIERRE, avocat; Émile DUPOUX, avocat; Alfred BRUN, comptable.

Ce Comité s'est empressé de rendre compte des faits au Gouvernement provisoire. Déjà il a reçu la nouvelle qu'on s'y occupe activement de réorganiser l'administration.

Une autorité investie de pouvoirs réguliers émanant du Gouvernement ne tardera donc pas à fonctionner; en attendant nous nous occupons activement de l'armement de la garde nationale sédentaire et de l'équipement de la mobile.

Dès aujourd'hui nous recevrons des armes pour armer la garde nationale de notre ville, et successivement les autres villes et communes en recevront aussi.

Nous faisons appel au patriotisme de tous les citoyens pour se constituer en comités municipaux et pour organiser promptement la garde nationale dans toutes les communes.

Mettez-vous immédiatement en communication avec nous et envoyez au citoyen GAMBETTA, ministre de l'intérieur, votre adhésion au Gouvernement provisoire.

VIVE LA NATION !

Grenoble, le 6 septembre 1870.

JULHIET, RECOURA,
BOVIER-LAPIERRE,
E. DUPOUX, A. BRUN.

2004. — Grenoble, F. ALLIER PÈRE et FILS, imprimeurs, Grande-Rue, 8, cour de Chaulnes.

RÉPUBLIQUE FRANÇAISE

Mes chers Concitoyens,

La République est proclamée.

La confiance du gouvernement de la défense nationale me place à la tête de l'arrondissement de La Réole.

On a fait appel à mon patriotisme. J'ai répondu : l'heure est solennelle et périlleuse, j'accepte ce poste de dévouement.

Je ne me dissimule pas la difficulté des fonctions dont je suis investi. La tâche est lourde, mais mon amour de la patrie est grand.

Sans passion, ni faiblesse, je ferai mon devoir ; ma conscience sera mon unique guide.

Dans cette délicate mission, j'ai besoin de me sentir soutenu : aussi mes chers concitoyens, viens-je solliciter votre concours, votre appui.

Unissons-nous pour consolider définitivement la République et pour repousser du sol de la patrie l'ennemi barbare et envahisseur.

Groupés autour du drapeau national, travaillons tous au salut de la France et au triomphe régulier de la liberté.

Seules, les institutions républicaines nous donneront, soyez-en sûrs, l'ordre, le progrès, la force, le bien-être!

VIVE LA RÉPUBLIQUE !

Le Sous-Préfet de la Réole,
C. BRAYLENS.

La Réole. — Imprimerie-Librairie VIGOUROUX, place du Turon,

Republique Française.

COMITÉ PROVISOIRE

DU

SALUT DE LA FRANCE

POUR LA RÉGION LYONNAISE.

Les mesures suivantes ont été reconnues d'urgence et prises immédiatement.

ARTICLE PREMIER.

Le Citoyen MÉTRA est maintenu dans ses fonctions de Colonel de la Garde Nationale de Lyon.

ART. 2.

Le Général G. CLUSERET est nommé commandant en chef de l'armée de Lyon et de toutes les forces militaires comprises dans le rayon d'action du Comité.

Pour le Comité :

BLANC, ALBERT RICHARD, E.-B. SAIGNES.

LYON. — Imp. J. NIGON, rue de la Poulaillerie, 2.

RÉPUBLIQUE FRANÇAISE.

Paris, le 8 septembre 1870.

LE PRÉSIDENT

DU GOUVERNEMENT DE LA DÉFENSE NATIONALE,

GOUVERNEUR DE PARIS,

En vertu des pouvoirs qui lui sont conférés par les lois sur l'état de siége,

ARRÊTE :

Ordre est donné aux habitants de la zone militaire de vider les locaux qu'ils occupent.

Général TROCHU.

IMPRIMERIE NATIONALE.— Septembre 1870.

RÉPUBLIQUE FRANÇAISE.

MINISTÈRE DE L'INTÉRIEUR.

Le Préfet de l'Aisne au Ministre de l'Intérieur, arrivée à 2 heures.

Un parlementaire précédant trois corps d'armée partis de Rethel, de Château-Porcien et de Reims, vient de demander à être conduit à la citadelle, et s'est adressé au général, au nom du roi de Prusse, qui aurait quitté Rethel de sa personne ce matin.

L'avant-garde d'un corps d'armée serait aux environs de Sissonne.

La reconnaissance repoussée hier appartenait à cette avant-garde.

Le Général vient de rendre compte au Ministre de la guerre.

Laon, le 8 Septembre 1870, dix heures du matin.

Le Ministre de l'Intérieur,
Léon GAMBETTA.

IMPRIMERIE NATIONALE.—Septembre 1870.

RÉPUBLIQUE FRANÇAISE.

PRÉFECTURE DU RHÔNE.

DÉPÊCHE TÉLÉGRAPHIQUE

LE MINISTRE DE L'INTÉRIEUR

A Messieurs les Préfets et au Gouverneur général de l'Algérie.

Paris, le 7 septembre 1870, à 12 h. 30 m. du soir.

CIRCULAIRE.

NOUVELLES DE LA GUERRE : Les Autorités du département de l'Aube font connaître qu'il n'y a point de Prussiens dans ses parages; c'est à Crespy-en-Valais, département de l'Aisne, et non pas à Crépy (Oise), que l'ennemi a été vu. Les dispositions des populations sous le coup de l'invasion sont excellentes. A Paris le Comité de défense fonctionne constamment.

NOUVELLES DE L'INTÉRIEUR : La République a été acclamée partout. A Paris la confiance de la population est entière; on a acquis la certitude qu'il y a des armes pour tout le monde, et la circulaire du Ministre des affaires étrangères a produit le plus grand effet.

Pour copie conforme :

Le Préfet du département du Rhône,
Délégué du Gouvernement provisoire.

P. CHALLEMEL-LACOUR.

Lyon.— Imprimerie J. NIGON, rue de la Poulaillerie, 2.

LE PRÉFET DE SEINE-ET-OISE

A SES CONCITOYENS

Le Gouvernement me confie l'administration du département de Seine-et-Oise.

Il fait appel à mon dévouement : ma conscience m'ordonne d'y répondre.

Aidez-moi, mes concitoyens!

Laissons de côté tout sujet de discorde.

N'ayons tous qu'un seul sentiment, un seul cri : Sauvons la France!

C'est de l'ensemble des bonnes volontés individuelles que se forme la puissance de l'esprit public.

La Liberté se relève : que devant elle, autour d'elle, partout, elle ne voie que des âmes enflammées des sentiments généreux qu'elle seule est capable d'inspirer.

Pas de découragement! Pas de défaillance! Il n'est point d'épreuves que nous ne puissions surmonter avec l'union et un ferme courage. L'ennemi ne doit trouver en face de lui que des citoyens graves, fiers, résolus, dont aucun revers n'a abattu ni le patriotisme ni l'espérance.

Le Préfet,

EDOUARD CHARTON.

8212.— Versailles. BEAU, Imprimeur de la Préfecture, rue de l'Orangerie, 36.

RÉPUBLIQUE FRANÇAISE

DEPÊCHE TÉLÉGRAPHIQUE.

Paris, 7 septembre 1870.

Le Ministre de l'Intérieur à MM. les Préfets et Sous-Préfets.

Nous apprenons que sur quelques points du territoire, la Société française de secours aux blessés, faisant partie de l'Internationale, a été entravée dans sa marche pour porter en tous lieux à nos soldats les soins qu'exige leur état.

Il importe que les soulagements puissent être prodigués partout où elles se trouvent à celles des victimes de nos champs de bataille que la marche des armées tient éloignées ou dispersées.

En conséquence, veuillez donner avis utile à tous les citoyens pour qu'ils aient à faciliter et favoriser par tous moyens la circulation des médecins, infirmiers et autres délégués de la Société, et informez-les que les membres et auxiliaires de la Société, protégés qu'ils sont par la convention internationale de Genève, ont le devoir de traverser toutes les lignes armées des belligérants pour accomplir leur mission humanitaire.

C'est grâce à cette convention que nos blessés peuvent être secourus, même sur le sol occupé par les troupes ennemies.

Le présent avis sera affiché et maintenu affiché pendant toute la durée de la guerre aux portes des mairies de toutes les communes de la République.

Le Ministre de l'Intérieur,

Léon GAMBETTA.

Pour copie conforme :

Grenoble, le 8 septembre 1870.

Pour le Comité départemental provisoire

Le Membre délégué,

JULHIET.

2022. — Grenoble, F. ALLIER PERE et FILS, imprimeurs, Grande-Rue, 8, cour de Chaulnes.

RÉPUBLIQUE FRANÇAISE

DÉPÊCHE TÉLÉGRAPHIQUE

CIRCULAIRE

Le Ministre de l'Intérieur à MM. les Préfets.

Le Ministre de l'Intérieur vous prie de faire afficher dans toutes les communes de votre département l'extrait suivant de la convention de Genève.

Article 5. — Les habitants du pays qui porteront secours aux blessés seront respectés et demeureront libres. Les généraux des puissances belligérantes auront pour mission de prévenir les habitants de l'appel fait à leur humanité et de la neutralité qui en sera la conséquence. Tout blessé recueilli et soigné dans une maison, y servira de sauvegarde. L'habitant qui aura recueilli chez lui des blessés, sera dispensé du logement des troupes, ainsi que d'une partie des contributions de guerre qui seraient imposées.

Article 6. — Les militaires blessés ou malades seront recueillis et soignés, à quelques nations qu'ils appartiennent.

Article 7. — Un drapeau distinctif et uniforme sera adopté pour les hôpitaux, les ambulances et les évacuations. Il devra être, en toute circonstance, accompagné du drapeau national. Un brassard sera également admis pour le personnel neutralisé, mais la délivrance en sera laissée à l'autorité militaire. Le drapeau et le brassard porteront croix rouge sur fond blanc.

Pour copie conforme :

Le Préfet de Seine-et-Marne,
H. ROUSSEAU.

Melun. — Typographie A. HÉRISSÉ, rue de Bourgogne, 23.

RÉPUBLIQUE FRANÇAISE.

LE GOUVERNEMENT
DE LA DÉFENSE NATIONALE,

Sur la proposition du Maire de Paris;

Considérant qu'il est urgent de faciliter aux populations des communes du département de la Seine l'entrée immédiate des denrées et marchandises qui doivent être soustraites aux approches de l'ennemi,

DÉCRÈTE :

La perception des droits d'entrée et d'octroi est **PROVISOIREMENT** suspendue aux entrées de Paris.

Fait à l'Hôtel de Ville de Paris, le 9 Septembre 1870.

Général TROCHU, EMMANUEL ARAGO, CRÉMIEUX, JULES FAVRE, JULES FERRY, GAMBETTA, GARNIER-PAGÈS, GLAIS-BIZOIN, PELLETAN, E. PICARD, ROCHEFORT, JULES SIMON.

IMPRIMERIE NATIONALE. — Septembre 1870,

AUX HABITANTS

DE L'ARRONDISSEMENT DE CLAMECY,

LE SOUS-PRÉFET PROVISOIRE.

CITOYENS,

Au milieu des immenses désastres dont l'Empire est venu inonder notre belle France, l'héroïque population de Paris vient unanimement de proclamer la République qui avait été audacieusement confisquée dans la funeste nuit du 2 décembre 1851.

Cette République qui nous est rendue, sachons cette fois la garder et songeons bien qu'il ne faut pas se la laisser ravir encore.

Donc, faisons-la accepter et aimer partout et par tous.

Respect aux personnes.

Respect aux propriétés.

Dissipons le fantôme du spectre rouge que depuis si longtemps on a su habilement évoquer devant des yeux faibles et peu éclairés, faisons bien voir à tous que les *rouges*, ce ne sont pas les Républicains qui, en 1848, ont proclamé l'abolition de la peine de mort en matière politique, que les *partageux*, ce ne sont pas non plus ces Républicains qui sont sortis plus pauvres qu'ils n'y étaient entrés, mais bien ceux qui n'ont pas craint de souiller leurs mains de sang pour usurper un pouvoir que leur refusait la Constitution qu'ils avaient juré de défendre, ceux qui se retirent gorgés de l'or des contribuables.

Disons bien, nous, que la République qui a sauvé la France de l'invasion de 1792, saura bien la sauver une fois encore, et que les Prussiens qui nous ont accablé de revers si poignants malgré la courageuse intrépidité de nos soldats, trouveront sous Paris, défendu par de si héroïques Républicains, le châtiment de leur audacieux orgueil.

Mais n'oublions pas que tous tant que nous sommes, nous sommes solidaires des affreux malheurs dont souffrent des Français comme nous.

Faisons le sacrifice de nos enfants, de nos vies, de notre fortune, s'il le faut, pour le soutien de cette grande cause nationale.

Entendons les cris de tant de victimes qui nous demandent du secours, songeons à ce que nous demanderions nous-mêmes si nous étions dans la cruelle position où ils se trouvent.

N'épargnons rien pour leur venir en aide, mais songeons avant tout que ce qu'il faut en ce moment pour réussir, c'est l'union et la concorde et que le désordre serait la meilleure arme que nous pourrions fournir à nos ennemis.

Confiant dans le patriotisme de toutes les populations de l'arrondissement de Clamecy, j'ai consenti à accepter provisoirement le poste qui m'a été confié; je fais donc appel au concours de tous pour me rendre facile l'accomplissement de ma tâche.

VIVE LA FRANCE! VIVE LA RÉPUBLIQUE!

Clamecy, le 9 septembre 1870.

LE SOUS-PRÉFET PROVISOIRE,

ALAPETITE.

Clamecy. — Typographie et lithographie de Cégrétin.

RÉPUBLIQUE FRANÇAISE

Chers Concitoyens

Enfant du Pays, le Gouvernement de la défense nationale vient de m'appeler à un poste qu'il serait lâche de refuser.

Je l'accepte.

Mais il me faut votre concours, sans lequel je ne puis rien, avec lequel je puis tout : l'union de tous fera la victoire sur nos implacables ennemis, et assurera l'ordre et la liberté.

VIVE LA FRANCE !

Le Sous-Préfet des Andelys,

CH. DEHAIS.

A Messieurs les Maires et Conseillers municipaux de l'arrondissement des Andelys,

Arrière les récriminations et les discussions locales : ce qu'il faut aujourd'hui, ce sont des faits; ce qu'il faut, c'est combattre l'invasion et nous sauvegarder du pillage.

Organisez solidement votre Garde nationale, faites passer dans leurs âmes ce souffle d'indépendance qui vous anime; organisez des patrouilles, fouillez les routes et les bois : votre salut est là !

Tout individu accusé ou soupçonné de pillage, ou d'espionnage, sera conduit par vos soins au chef-lieu de canton, où le Juge de Paix décidera s'il doit être conduit au chef-lieu de l'arrondissement; je viens de m'entendre, sur ce sujet, avec Monsieur le Procureur de la République.

Tout doit être fait pour donner du travail.

J'invite aussi Messieurs les Maires à se servir de tous les fonds disponibles pour ouvrir des carrières à caillou, pour créer ou réparer des chemins, enfin à trouver du travail.

Agréez, Messieurs, mes sentiments de dévouement.

Le Sous-Préfet des Andelys, CH. DEHAIS.

Les Andelys, le 9 Septembre 1870.

Andelys. — Imprimerie LELIÈVRE, place du Marché, 41.

GARDE NATIONALE
Du Département de la Seine

ÉTAT-MAJOR GÉNÉRAL

ORDRE

Une Revue de la Garde nationale sera passée MARDI 13 SEPTEMBRE par le Président du Gouvernement de la Défense nationale, Gouverneur de Paris.

MM. les généraux et amiraux commandant les Sections établiront les Bataillons composant leurs Sections sur les emplacements qui leur sont affectés, à **onze heures et demie**, au plus tard.

LA 1re SECTION, commandée par M. le général FARON, et composée des Bataillons Nos 14, 48, 49, 50, 51, 52, 53, 56, 73, 93, 94, 95, 96, 121, 122 et 126 sera massée sur la place de la Bastille.

Les Sections suivantes seront disposées le long des Boulevards intérieurs, sur deux lignes se faisant face, tournant le dos aux maisons et sur autant de rangs que l'exigeront les limites des emplacements qui leur sont assignés. En cas d'insuffisance de ces emplacements, elles se masseront, en outre, dans les rues adjacentes.

LA 2e SECTION, commandée par M. le général CALLIER, et composée des bataillons Nos 27, 30, 31, 54, 57, 58, 63, 65, 66, 67, 68, 74, 75, 76, 80, 86, 87, 88, 89, 123 et 130 occupera l'espace compris entre la place de la Bastille et la place du Château-d'Eau.

LA 3e SECTION, commandée par M. le général DE MONTFORT, et composée des bataillons nos 9, 19, 23, 24, 25, 26, 28, 29, 62, 107, 108, 109, 114 et 128 sera massée sur la place du Château-d'Eau.

LA 4e SECTION, commandée par M. l'amiral COSNIER, et composée des ba-

taillons nos 6, 7, 11, 32, 34, 36, 61, 64, 77, 78, 79, 116, 117, 124, 125 et 129 occupera l'espace compris entre la place du Château-d'Eau et la rue Saint-Denis.

LA 5e SECTION, commandée par M. le général AMBERT, et composée des bataillons Nos 2, 3, 8, 33, 35, 37, 90, 91, 92, 100, 111, 112, 113 et 132 occupera l'espace compris entre la rue Saint-Denis et la rue Montmartre.

LA 6e SECTION, commandée par M. l'amiral FLEURIOT DE LANGLE, et composée des bataillons nos 1, 4, 5, 12, 13, 38, 39, 69, 71 et 72 occupera l'espace compris entre la rue Montmartre et la rue de la Chaussée-d'Antin.

LA 7e SECTION, commandée par M. l'amiral DE MONTAGNAC, et composée des bataillons nos 15, 17, 41, 45, 47, 81, 82, 105, 106, 127 et 131 occupera l'espace compris entre la rue de la Chaussée-d'Antin et la place de la Madeleine.

LA 8e SECTION, commandée par M. l'amiral MÉQUET, et composée des bataillons nos 16, 18, 19, 20, 40, 43, 46, 83, 84, 85, 103, 104, 115 et 136 occupera la place de la Madeleine, la rue Royale et une partie de la place de la Concorde.

LA 9e SECTION, commandée par M. l'amiral DE CHAILLÉ, et composée des bataillons Nos 21, 22, 42, 44, 59, 60, 101, 102, 118, 119, 120, 133, 134 et 137 sera massée sur la place de la Concorde.

Les Bataillons commandés pour un service de Place ou de Rempart sont seuls dispensés d'assister à cette revue.

Le Commandant supérieur,

TAMISIER.

Paris. - Imprimerie PAUL DUPONT, rue Jean-Jacques-Rousseau, 41 (Hôtel des Fermes).

RÉPUBLIQUE FRANÇAISE.

PRÉFECTURE DU RHONE.

ÉLECTIONS

MUNICIPALES

Le Préfet du Rhône.

Le Comité préfectoral entendu,

Considérant que les Autorités locales, dans toutes les Communes du Département du Rhône, doivent avoir une origine incontestée, et qu'il importe de faire disparaître toute trace des élections faites sous la pression impériale ;

Considérant, en outre, que les lois impériales sont frappées de caducité par le fait même de la Révolution, et qu'il est urgent, dans un moment essentiellement révolutionnaire, de revenir au véritable principe du Suffrage universel librement consulté,

ARRÊTE :

Article premier. — Les Maires des Communes du Département du Rhône sont révoqués.

Art. 2. — Les élections pour la nomination d'un Conseil Municipal dans toutes les Communes du Département du Rhône auront lieu le DIMANCHE 18 SEPTEMBRE, sous la présidence du premier Conseiller Municipal inscrit dans l'ordre du tableau.

Art. 3. — Le nombre des Conseillers Municipaux sera de 10 dans les Communes de 500 habitants et au-dessous ; de 12 dans celles de 501 à 1,500 ; de 16 dans celles de 1,501 à 2,500 ; de 21 dans celles de 2,501 à 3,500 ; de 23 dans celles de 3,501 à 10,000 ; de 27 dans celles de 10,001 à 30,000.

Art. 4. — L'élection aura lieu par scrutin de liste.

Art. 5. — Les élections auront lieu sur les listes des dernières opérations électorales, à la suite desquelles on ajoutera le nom des Électeurs qui justifieront de leurs droits de Citoyens.

Art. 6. — Le scrutin sera ouvert à six heures du matin, et clos à 6 heures du soir.

Art. 7. — Le premier Conseiller municipal inscrit, ou les Comités établis à la suite de la Révolution du 4 septembre, sont chargés de l'exécution du présent arrêté.

Lyon, le 10 septembre 1870.

Le Préfet du département du Rhône,

P. CHALLEMEL-LACOUR.

LYON. — Imp. J. NIGON, rue de la Poulaillerie, 2.

MAIRIE D'ALBI.

Liberté, Égalité, Fraternité.

République Française

Chers Concitoyens,

La France a jeté son cri d'appel aux armes :
La Patrie est en danger!

L'empire issu du 2 décembre a lâchement rendu son épée à l'ennemi.

Dans la République seule est le salut de la Nation.

Appelés au dangereux honneur d'administrer la commune et de concourir, pour notre part, à l'organisation de la défense nationale, nous nous efforcerons d'être à la hauteur de la mission que nous avons acceptée.

Plus de divisions. Républicains dévoués n'ayons tous qu'un seul but : l'expulsion de l'étranger.

Nous nous inspirerons des patriotiques exemples du Gouvernement provisoire. Nous suivrons les traces de ces glorieux Citoyens acclamés par toute la France et que le monde entier entoure de ses sympathies et de ses adhésions.

Leur devise sera la nôtre : L'ordre par la liberté.

Comme eux, nous serons les premiers, lorsque le péril sera passé, à résilier des pouvoirs dans l'exécution desquels nous aurons mis tout notre cœur, tout notre dévouement, toute notre énergie.

Vive la France!
Vive la République!

Albi, le 11 Septembre 1870.

La Commission administrative :

CAVALIÉ, président; MARAVAL, REY fils, vice-présidents.

BRUNHOL, BOUSSAC père, BOIS, BOURJADE fils, BRAY, CARCENAC, CATHALA, CHABBERT, COMBES, COMPAYRÉ fils, GOURDURIÈS, DÉBAR, BURG, GILLET, GRIMAL, JALADIEU, JOURDES, JOULIA, PUEL, SÉGLAGES, TEYSSONNIÈRES, VIALA.

Albi. — Imp. Ernest Dentez.

RÉPUBLIQUE FRANÇAISE.

MINISTÈRE DE L'INTÉRIEUR.

12 septembre 1870.

Les avant-gardes ennemies arrivent à Noisy-le-Sec.

La résistance de Toul continue ; le 10 septembre, l'ennemi a tenté de forcer la place de 7 heures du matin à 4 heures du soir.

Malgré un bombardement et une canonnade d'une extrême vigueur, toutes les tentatives d'assaut ont été repoussées par la garnison.

À 4 heures toutes les batteries de l'ennemi étaient démontées.

Le Ministre de l'Intérieur,
LÉON GAMBETTA.

2 IMPRIMERIE NATIONALE. — Septembre 1870.

RÉPUBLIQUE FRANÇAISE

PREFECTURE DU RHONE.

PROCLAMATION

Le moment solennel approche où autour de Paris va se décider le sort de la France. Paris se prépare à la lutte avec une résolution froide et calme, présage d'une héroïque résistance.

Plus de divisions, plus de partis. Toutes les mains s'unissent, tous les cœurs se confondent dans un même sentiment : sauver avant tout la Patrie. Les proscrits oublient leurs griefs ; les travailleurs leurs revendications ; la bourgeoisie ses préventions et ses craintes. On s'unit, on se serre, on se jure de vaincre ou de mourir ensemble sous le même drapeau.

A ce grand spectacle de calme et de concorde, la France sent renaître son courage ; l'Europe entière bat des mains, et fait des vœux pour notre République.

Imitons ce bel exemple, Citoyens de Lyon. Calmons nos défiances ; tournons nos cœurs et nos efforts vers nos frères qui vont combattre pour tout ce que nous aimons. Ne songeons qu'à les secourir. Que devant l'intérêt de la Patrie tous les autres intérêts s'effacent. Quoi ! l'ennemi est chez nous, il menace de l'épée le cœur de la France, et la crainte de quelques agitations passagères nous entraînerait à des impatiences dangereuses et à des conflits honteux pour nous, funestes pour le Pays ! Ne donnons ni cette joie à l'ennemi, ni cette douleur à notre chère et malheureuse Patrie.

CITOYENS,

Dans quatre jours vous allez rentrer en possession de vos droits municipaux, confisqués par un pouvoir tyrannique. Devant l'arrêt souverain de la volonté populaire, tous, nous nous inclinerons, et la vie politique, se développant régulièrement, centuplera nos forces.

Donc patience, union, espoir, et nous sauverons la République.

Lyon, le 11 septembre 1870.

Le Préfet du département du Rhône,

P. CHALLEMEL-LACOUR.

LYON.—Imprimerie J. NIGON, rue de la Poulaillerie, 2.

RÉPUBLIQUE FRANÇAISE

Citoyens!

Le Gouvernement fait appel à mon patriotisme et me confie l'administration provisoire du département de la Côte-d'Or. Dans les circonstances graves que nous traversons, le devoir de tout bon citoyen est de se mettre tout entier au service de la Patrie. J'accepte donc la tâche difficile qui m'est confiée. Je ne l'ai fait qu'après m'être assuré du concours effectif de mes collègues du Conseil municipal, vos mandataires, avec lesquels je continuerai à porter le fardeau de l'Administration.

Je n'ai pas besoin de vous rappeler que le mot *République* est magique parce qu'il crée des hommes et des citoyens. Ayons donc une confiance absolue dans les destinées de la Patrie et conjurons tous les périls aux cris de

Vive la France!
Vive la République!

L'Administrateur provisoire,
L. D'AZINCOURT.

Imp. Johard.

VILLE DE MELUN   SEINE-ET-MARNE

AVIS

Extrait de la Délibération prise par le Conseil Municipal le 10 Septembre 1870.

Service de la Garde Nationale

Tous les Gardes nationaux, absents de la ville, seront tenus de payer une indemnité de sept francs par chaque jour de garde qu'ils n'auront pas montée.

La durée du service sera de vingt-quatre heures, à partir de six heures du soir.

L'indemnité de sept francs sera payée au Garde national substituant, à la suite de chaque garde, par le receveur municipal, sur mandat délivré par le Maire.

Logements militaires

Les habitants absents de leur domicile seront tenus du remboursement des sommes que la Ville aura déboursées pour eux et à leur compte, pour le logement militaire, et même, s'il y a lieu, pour frais de nourriture.

L'Administration municipale est autorisée, si les circonstances l'exigent, à faire ouvrir les maisons fermées par les propriétaires ou locataires absents qui n'auraient pas indiqué de répondants à la Mairie.

Le nom du répondant sera inscrit sur la porte d'entrée de la maison ou de l'appartement.

Sur la demande de la municipalité, l'exécution de ces mesures et de toutes autres qui deviendraient nécessaires, est confiée à une Commission spéciale nommée par le Conseil municipal et composée de MM. Despagnat, Coulon, Débonnaire, Carette, Robillard et Le Brasseur. Cette Commission agira concurremment avec l'Administration municipale.

Pour extrait ;
Le Maire, Fél. POYEZ.

Melun. — Typographie A. BÉUSÉ, rue de Bourgogne, 23.

RÉPUBLIQUE FRANÇAISE.

Gardes Nationaux,

Chargé par le Gouvernement de la Défense nationale du commandement général des gardes nationales des départements de la Seine-Inférieure, du Calvados et de la Manche, je viens faire appel à votre patriotisme et à cet esprit d'ordre qui a toujours distingué les habitants de la Normandie.

En acceptant la mission qui m'est confiée, j'avais la conviction que vous me rendriez facile la tâche que j'entreprends ; car notre but est le même, c'est de défendre notre Pays contre l'invasion qui ruine nos villes et nos campagnes et, en même temps, maintenir énergiquement l'ordre et le respect des lois.

Telle est la volonté formelle des membres du Gouvernement.

C'est dans ces conditions que je me présente au milieu de vous accompagné de jeunes officiers pleins de courage et de dévouement. Pour eux comme pour moi, je vous demande votre concours le plus affectueux et le plus empressé, et je suis convaincu d'avance qu'il ne nous fera pas défaut ; car nous sommes tous prêts à combattre pour la cause de l'ordre et pour la Patrie !

Le Commandant général des Gardes nationales
des départements de la Seine-Inférieure, du
Calvados et de la Manche.

ESTANCELIN.

Le Commandant général des gardes nationales des départements de la Seine-Inférieure, du Calvados et de la Manche,

En vertu des pouvoirs qui lui ont été conférés par le gouvernement de la défense nationale,

ARRÊTE :

M. HERMEL (Achille), Chef d'escadron d'état-major des gardes nationales de la Seine, est nommé aux fonctions de Chef d'état-major général des gardes nationales des départements de la Seine-Inférieure, du Calvados et de la Manche.

Fait à Paris, le 12 septembre 1870.

Le Commandant général des Gardes nationales de la Seine-Inférieure,
du Calvados et de la Manche,
L. ESTANCELIN.

99.0. — Imprimerie d'ELIE fils, à Saint-Lo, rue des Prés, 5.

RÉPUBLIQUE FRANÇAISE.

PRÉFECTURE DE POLICE

L'ennemi étant sur le point d'arriver sous les murs de Paris,

Le Préfet de Police arrête :

ARTICLE PREMIER.

A partir du *Jeudi* 15 *Septembre*, *à* 6 *heures du matin*, nul ne pourra plus sortir de Paris, ni y entrer, sans être muni d'un PERMIS DE CIRCULATION délivré par le Ministère de l'Intérieur.

ART. II.

Les bois contenus dans les magasins actuels et situés en dedans des Fortifications seront *immédiatement* transportés et aménagés sur les rives de la Seine.

Paris, le 12 Septembre 1870.

Par le Préfet de Police :
Le Secrétaire général,
ANTONIN DUBOST.

Le Préfet de Police,
DE KÉRATRY.

Paris, 1870.— BOUCQUIN, Imp. de la Préfecture de Police, rue de la Ste-Chapelle, 5.

République Française

DÉFENSE NATIONALE

CITOYENS !

Le Ministère de l'Intérieur vient de charger un de vos compagnons d'organiser dans le pays un Corps-Franc pour défendre le territoire menacé.

Le Préfet du département est chargé de pourvoir à l'organisation et à l'équipement de cette Compagnie.

Un registre est ouvert à la Mairie pour inscrire les noms de ceux qui, au péril de leur vie, veulent chasser l'étranger du sol sacré de la Patrie.

Que ceux qui préfèrent mourir libres, plutôt que de vivre esclaves, se présentent sans retard, l'heure suprême approche !

Aussitôt la Compagnie formée, les chefs seront nommés à l'élection.

ÉMILE LACROIX.

Département du Jura, le 12 *septembre* 1870.

DOLE, TYP. BLUZET GUINER

RÉPUBLIQUE
FRANÇAISE

LE MAIRE DE LA VILLE DE CAEN
A SES CONCITOYENS

Chers Concitoyens,

L'Empire est déchu ;
Le Sénat est aboli ;
Le Corps législatif est dissous ;
La RÉPUBLIQUE est proclamée ;
Un Gouvernement de défense nationale est organisé. Il n'y a plus de partis en France aujourd'hui ; il y a un peuple debout, décidé à défendre son indépendance et sa liberté. Groupons-nous donc autour du Pouvoir qui veille au salut de la Patrie. Prêtons-lui notre concours actif et dévoué. Au milieu des revers que nous subissons, soyons unis si nous voulons vaincre.

VIVE LA FRANCE !
VIVE LA RÉPUBLIQUE !

Le Maire,
ROULLAND.

CAEN.—TYP. F. LE BLANC-HARDEL, RUE FROIDE, 2.

RÉPUBLIQUE FRANÇAISE.

MAIRIE DE PARIS.

AVIS.

Quelques difficultés se sont élevées sur l'interprétation du décret du 9 septembre, qui suspend provisoirement la perception des droits d'entrée et d'octroi aux portes de Paris.

Un avis inséré au *Journal officiel* du 11 septembre a dû, sur ce point, dissiper tous les doutes et faire connaître la véritable pensée du décret.

Les commerçants eux-mêmes ont, en effet, compris qu'il ne pouvait être question de donner naissance à une concurrence inégale entre les négociants de l'extérieur et ceux de l'intérieur de Paris, et de priver en outre la Ville, dans un moment aussi critique, de sa principale ressource.

Le Maire de Paris ne peut, à ce double point de vue, que faire appel au patriotisme et au bon vouloir de la population parisienne.

POUR LE MAIRE DE PARIS.
Le Secrétaire général de la Mairie,
JULES MAHIAS.

Typ. CHARLES DE MOURGUES frères. Imprimeurs de la Mairie de Paris, rue J.-J. Rousseau. 58.—7207.

RÉPUBLIQUE FRANÇAISE

Mairie du Neuvième Arrondissement

CHERS CONCITOYENS,

L'ennemi est à nos portes.

Le temps presse.

Il faut sans retard assurer la sécurité de l'Arrondissement, et mettre, s'il est nécessaire, nos demeures à l'abri de l'incendie.

Il est créé, pour chaque groupe de maisons délimité naturellement par les rues, un Corps civique composé de tous les habitants ou simples domiciliés ne faisant pas partie légalement de la Garde nationale.

A cet effet l'Arrondissement a été divisé en dix Sections.

Au nom du salut commun, appel est fait à tous.

Que chacun des 135 groupes de maisons nous envoie un Délégué chargé, de concert avec les dix Chefs de Sections ci-dessous, d'organiser ce service.

SONT NOMMÉS CHEFS DE SECTION, LES CITOYENS :

1re Section, rue d'Amsterdam, DE BAGNEAUX, 50, rue d'Amsterdam.
2e — rue de Clichy, KUNEMANN, 26, rue de Calais.
3e — Opéra, NAST, 52, boulevard Haussmann.
4e — rue Blanche, ROUBY, 16, rue Taitbout.
5e — rue Saint-Georges, VIÉLARD, architecte, 31, boulevard de Clichy.
6e — rue Lafayette, Ch. FAUVETY, 18, rue Baudin.
7e — Italiens, BERGIER, 22, rue Drouot.
8e — rue Rochechouart, CHÉRY, 7, rue Notre-Dame-de-Lorette.
9e — rue Richer, MONTARIOL, 12, rue Papillon.
10e — rue du Faubourg-Poissonnière, DENIZET, 16 bis, cité Trévise.

Réunion, le Dimanche, 18 Septembre, à 10 h. précises du matin, au Grand-Hôtel

Les Secrétaires de la Commission,
H. STUPUY.
G. GOUDCHAUX.

L'Adjoint au Maire, Président de la Commission d'armement
MASSOL

Imprimerie centrale des chemins de fer. — A. CHAIX ET Cie, rue Bergère, 20. — 13381-0.

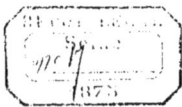

RÉPUBLIQUE FRANÇAISE.

ÉLECTIONS MUNICIPALES.

CHERS CONCITOYENS,

Vous êtes convoqués à de nouvelles Élections municipales. Un Gouvernement tyrannique et corrupteur vous avait enlevé le droit de nommer vous-mêmes vos Maires. La République vous le rend.

La bonne gestion des intérêts de vos communes dépend donc désormais de vous seuls. Songez que plus on est libre, plus on est responsable envers soi-même et envers les autres. L'administration ne peut et ne doit vous donner que des conseils.

Si vous voulez une direction intelligente et honnête, choisissez les hommes qui vous ont donné des gages de leur capacité, de leur probité, de l'énergie et du désintéressement de leurs convictions politiques.

N'ayez pas l'imprudence de choisir encore, malgré une cruelle expérience, les hommes qui se sont si lourdement trompés en prêtant tout leur appui au gouvernement déchu.

Cet appui et les derniers votes, qui en ont été en grande partie la conséquence, ont persuadé à ce criminel gouvernement qu'il pouvait tout exiger de votre soumission, et cette persuasion, après l'avoir poussé à tant d'actes de despotisme et de prodigalité, lui a fait déclarer la guerre fatale dont la République nous délivrera, mais qui a déjà épuisé nos finances, ruiné l'agriculture et dépeuplé nos campagnes.

Aujourd'hui, vous pouvez réparer le passé et aider puissamment le gouvernement de la défense nationale à fonder enfin la liberté et la justice sur des institutions définitives. L'administration a la confiance que les fonctionnaires de tout rang comprendront leurs devoirs, et que, tout en gardant la parfaite liberté de leur opinion, ils sauront s'abstenir d'exercer sur vos votes cette pression coupable et odieuse dont le dernier régime a tant abusé. Mais si, dans le nombre, il s'en trouvait d'assez audacieux pour vouloir tourner contre la République, qu'ils ont tacitement ou hautement acceptée, l'influence et l'autorité qu'ils tiennent d'elle maintenant, l'administration a les yeux ouverts sur eux : elle saurait punir l'insulte faite à votre indépendance.

Allez donc au scrutin sans crainte, et votez librement, selon votre conscience et selon votre raison.

VIVE LA FRANCE ! VIVE LA RÉPUBLIQUE !

Le Sous-Préfet de Neufchâtel,

E. CRÉPET.

Neufchâtel. — Imprimerie de Mme CŒURDEROY-FÉRAY, rue Cauchoise.

RÉPUBLIQUE FRANÇAISE.

A LA FRANCE

FRANÇAIS,

L'ennemi marche sur Paris. Le Gouvernement de la défense nationale, livré dans ce moment suprême aux travaux et aux préoccupations que lui impose la capitale à sauver, n'a pas voulu, dans l'isolement où il va se trouver momentanément, que sa légitime influence manquât à nos patriotiques populations des départements. Pendant qu'il dirige sa grande œuvre, il a remis tous ses pouvoirs au Garde des Sceaux, Ministre de la Justice, le chargeant de veiller au gouvernement du pays que l'ennemi n'a pas foulé! Entouré des délégations de tous les Ministères, c'est aux sentiments de notre peuple de France que j'adresse ces premières paroles.

Chacun de nous tient dans ses mains les destinées de la patrie. L'union, la concorde entre tous les Citoyens, voilà le premier point d'appui contre l'ennemi commun, contre l'étranger. Que la Prusse comprenne que si, devant les remparts de notre grande capitale, elle trouve la plus énergique, la plus unanime résistance, sur tous les points du territoire, elle trouvera ce rempart inexpugnable qu'élève contre l'invasion étrangère l'amour sacré de la patrie.

Placé dans un département qui m'a témoigné, dans les plus graves circonstances, les plus vives sympathies, je sais que la Touraine est pleine de courage et de dévoûment à la République.

J'appelle tous les départements libres à nous soutenir de leur patriotique appui. Souvenons-nous que nous étions, il y a deux mois à peine, le premier peuple du monde; si le plus odieux et le plus inepte des gouvernements a fourni à l'ennemi les moyens d'envahir notre territoire, malgré les prodiges d'héroïsme de nos armées qu'il était impuissant à conduire, souvenons-nous de 92, et, dignes fils des soldats de la Révolution, renouvelons, avec leur courage qu'ils nous ont transmis, leurs magnifiques victoires : comme eux refoulons l'ennemi et chassons-le du sol de notre République.

Tours, le 13 septembre 1870.

Le Garde des Sceaux, Ministre de la Justice,
Membre et Représentant du Gouvernement de la défense nationale,

Ad. CRÉMIEUX.

Lyon. — Imprimerie J. NIGON, rue de l. Pondaillerie, 2.

RÉPUBLIQUE FRANÇAISE

MAIRIE DU IXME ARRONDISSEMENT

Cinq mille fusils viennent d'être distribués aux Gardes nationaux du 9° arrondissement.

Un cinquième bataillon, dans lequel seront incorporés les
Citoyens nouvellement inscrits qui n'ont pu être encore armés,
est en voie de formation.

Paris, le 13 septembre 1870.

Le Maire provisoire : RANC.

Les Maires adjoints { PARENT. LEVEN.

Imprimerie centrale des chemins de fer. — A. CHAIX et C°, rue Bergère, 20, à Paris.— 13652-0

SECOURS AUX BLESSÉS

AMBULANCE DE L'AVENUE DE SCEAUX, 20

(QUARTIER SAINT-LOUIS)

Versailles, 18 septembre 1870.

A NOS CONCITOYENS,

La lutte est engagée. Que ceux donc qui sont décidés à s'exposer en allant
secourir et *ramasser les blessés* qui peuvent être faits ici et dans les environs,
veuillent bien s'inscrire, 20, avenue de Sceaux.

Le moment est venu de se montrer dévoué. A chacun de payer, comme il
le faut, d'une manière quelconque, sa dette à la Patrie !

P. S. Les propriétaires et loueurs de voitures disponibles, propres au transport des
blessés, sont invités également à s'inscrire de suite.

1151, DUBOSCQ et THESE, imp. lith. de la Préfecture et de la Mairie, rue Hoche, 13. — Versailles, typ. BEAU.

RÉPUBLIQUE FRANÇAISE

VILLE DE GRENOBLE.

RÉPUBLIQUE FRANÇAISE

ADRESSE

De la Commission municipale de Grenoble aux municipalités voisines

Citoyens,

En face d'une invasion qui s'étend d'heure en heure et menace jusqu'à nos montagnes, la défense locale devient l'unique soin.

La capitale est assiégée, le pouvoir central effacé. C'est en nous-mêmes qu'est le salut.

Dans cette lutte, plus que jamais, nous sommes solidaires.

La Commission municipale de Grenoble, éprouve le besoin de se rapprocher de vous. Elle vous envoie des délégués.

Examinez avec eux les exigences de la défense commune. Connaissons notre nombre, notre armement, nos positions stratégiques.

Nous avons des remparts, des munitions, des armes, mais il est des communes qui n'ont que des poitrines humaines à présenter aux envahisseurs.

Unissons-nous donc, et, quoiqu'il arrive de nos communes menacées aujourd'hui, peut-être envahies demain, notre fédération aura aidé la République dans cette lutte suprême où il s'agit avant tout de sauver notre indépendance.

Vive la République! Vive la Nation!

Grenoble, le 15 septembre 1870.

Au nom de la Commission municipale :
Le Président,
ANTHOARD.

2001 — Grenoble, imp. F. ALLIER PÈRE ET FILS, Grand-Rue, 8, cour de Chaulnes.

RÉPUBLIQUE FRANÇAISE

Liberté — Égalité — Fraternité

Citoyens,

Nommé préfet de la Loire, par le gouvernement de la République. Je n'ai rien à vous apprendre de mes sentiments et de mes bonnes intentions :

Affermir la République, sauver la Patrie, assurer l'ordre.

Nous pensons tous de même. Je demande l'appui des bons citoyens.

Pas de tumulte, pas de tentatives contre le gouvernement établi: pas de manœuvres clandestines, elles seront sévèrement réprimées.

La protection des personnes et des propriétés est sous la sauvegarde de l'autorité républicaine. Pas de puériles craintes.

Avec l'aide et les conseils des citoyens que je me suis adjoint, j'espère remplir dignement la mission qui m'est confiée.

Élevons-nous tous à la hauteur des circonstances.

UNION ET LIBERTÉ! VIVE LA RÉPUBLIQUE.

Salut et fraternité.

Le Préfet de la Loire,
César BERTHOLON.

Saint-Étienne, imprimerie BÉNÉVENT, place de l'Hôtel-de-Ville, 1.

RÉPUBLIQUE FRANÇAISE

PRÉFECTURE DU PAS-DE-CALAIS

Le Préfet du Pas-de-Calais,

Considérant que les transports d'argent de Paris en province sont devenus très-difficiles par suite de l'état de guerre ;

Que les billets mis en circulation par la Banque de France sont d'une valeur trop élevée pour remplacer la monnaie dans les transactions commerciales, industrielles et ouvrières et que cette situation donne lieu à de nombreuses réclamations ;

Qu'il est urgent de porter un prompt remède à la rareté accidentelle du numéraire et des petits billets de banque, afin d'assurer le travail des ouvriers en facilitant le paiement de leur salaire ;

Que le moyen le plus efficace d'atteindre ce but paraît être d'accorder provisoirement aux industriels la faculté d'émettre des bons de circulation payables au porteur ;

Que, dans l'intérêt des ouvriers et des patrons, il importe d'affranchir les bons ainsi créés de tous droits de timbre et de toutes formalités restrictives ;

ARRÊTE :

Art. 1er. Les chefs d'industrie du département du Pas-de-Calais sont momentanément autorisés à émettre, sous leur garantie personnelle, des bons de circulation destinés au paiement du salaire de leurs ouvriers.

Art. 2. Ces bons, qui seront de *un, deux, cinq, dix, vingt et quarante francs*, seront payables à vue en billets de banque à tout porteur qui en présentera pour mille francs au bureau d'émission, c'est-à-dire à l'industriel ou à la société qui aura émis lesdits bons.

Art 3. Les bons ainsi créés seront affranchis de tout impôt de timbre et ne seront soumis à aucune autre formalité que la légalisation de la signature du créeur par la municipalité de son domicile.

Cette légalisation n'entraînera aucune solidarité ni responsabilité.

Art. 4. Les bons devront être extraits d'un livre à souche ; ils porteront le timbre-estampille du créeur.

Art. 5. Le présent arrêté sera inséré au *Recueil des Actes administratifs de la Préfecture.*

Fait à Arras, le 16 septembre 1870.

Le Préfet du Pas-de-Calais,
E. LENGLET.

Arras. — Typographie de A. Courtin.

RÉPUBLIQUE FRANÇAISE

GARDES NATIONALES

des départements de la Seine-Inférieure, du Calvados et de la Manche.

FORMATION

D'UNE

COMPAGNIE DE MARCHE

par Canton.

Rouen, 17 septembre 1870.

Le Commandant général des Gardes nationales de la Seine-Inférieure, du Calvados et de la Manche, Vu les pouvoirs qui lui ont été conférés, et la circulaire du Ministre de l'intérieur en date du 12 septembre 1870,

ARRÊTE :

ARTICLE PREMIER.

Une compagnie dite compagnie de marche sera formée dans chaque canton; elle sera composée des gardes nationaux volontaires, et des gardes nationaux désignés par l'arrêté du Ministre de l'Intérieur du 12 septembre, comme devant faire partie des corps détachés.

ART. 2.

Cette compagnie nommera ses officiers. Elle fera deux fois par semaine l'exercice à feu, et s'exercera à tirer à la cible.

ART. 3.

L'uniforme des compagnies de marche sera le même que celui de la garde nationale. Chaque homme est invité à se munir d'un sac contenant entre autres choses : 2 chemises de laine ; 2 paires de chaussettes de laine et une paire de souliers.

Chaque garde devra porter en sautoir une couverture de laine grise.

ART. 4.

Messieurs les Maires sont invités à faire compléter l'équipement des gardes nationaux qui ne seraient pas à même de supporter les frais d'habillement.

ART. 5.

MM. les Chefs de bataillon de chefs-lieux de canton sont invités à faire procéder dans le plus bref délai, avec le concours de MM. les Maires, à l'organisation ci-dessus indiquée; ils aviseront par le télégraphe le Commandant général des résultats obtenus et du nombre d'hommes dont ils peuvent disposer.

Dans tous les cantons où il n'existe pas de Chef de Bataillon, le Capitaine en résidence au chef-lieu de canton prendra momentanément la direction de la garde nationale du canton et veillera à ce qu'il soit procédé immédiatement à la formation des Compagnies de marche.

ART. 6.

Il sera formé trois escadrons de cavaliers volontaires, qui porteront le nom de :

Guides de la Seine-Inférieure,

Guides du Calvados,

Guides de la Manche.

Chaque cavalier, autant que possible, se montera et s'équipera à ses frais.

L'armement sera fourni par l'État.

ART. 7.

La solde des hommes qui la réclameront sera de 1 fr. 50 c. par jour.

ART. 8.

Les chevaux pourront être casernés, s'il est nécessaire, pour les besoins du service; ils seront nourris au frais de l'État.

Fait à Rouen, le 17 septembre 1870.

Le Commandant général des Gardes nationales des départements de la Seine-Inférieure, du Calvados et de la Manche,

ESTANCELIN.

Pour ampliation :
Le Chef d'état-major général,
A. HERMEL.

Vu et approuvé :
Le Préfet de la Manche,
E. LENOEL.

RÉPUBLIQUE FRANÇAISE

PRÉFECTURE DU RHONE

ARRÊTÉ

LE PRÉFET DU RHÔNE, COMMISSAIRE EXTRAORDINAIRE DE LA RÉPUBLIQUE,

Vu les pleins pouvoirs que lui a conféré le Gouvernement de la Défense nationale,

Considérant que par suite d'une décision antérieure les Frères de la doctrine chrétienne, ayant cessé d'être membres de l'enseignement communal, sont rentrés dans la condition des instituteurs privés ;

Considérant que rien dans la loi n'exempte les Congrégations religieuses des charges imposées à tous les autres Citoyens ;

Considérant que les Elèves des séminaires n'ayant pas pris les engagements dans les termes de la loi du 21 mars 1832, sont soumis au droit commun ;

Considérant que, dans la crise où nous sommes, il n'y a qu'un moyen de servir la Patrie, c'est de s'exercer aux armes pour la défendre ;

Considérant enfin que l'union si désirée de toutes les classes de la Société ne s'effectuera que quand tous les citoyens, à quelque condition qu'ils appartiennent, s'inspireront sous les mêmes drapeaux des mêmes sentiments d'amour pour le pays ;

ARRÊTE :

ARTICLE PREMIER. — Les Frères de la doctrine chrétienne, les membres des Congrégations religieuses, les élèves des séminaires, non exonérés par la loi de 1832, seront incorporés dans la Garde Nationale et soumis à tous les décrets relatifs à la défense du pays.

ART. 2. — Les Chefs de la Garde Nationale sédentaire ou mobilisée du département du Rhône, ainsi que l'Autorité militaire, sont chargés, en ce qui les concerne, de l'exécution du présent arrêté.

Le Préfet du Rhône, Commissaire extraordinaire du Gouvernement,

P. CHALLEMEL-LACOUR.

Lyon.— Imprimerie NIGON, rue Poulaillerie, 2.

RÉPUBLIQUE FRANÇAISE.

LIBERTÉ, ÉGALITÉ, FRATERNITÉ.

MAIRIE DE PARIS.

Le Maire de Paris charge le citoyen GALTIER BOISSIÈRE de faire rétablir la devise de la République sur les édifices publics.

Les Architectes et les Commissaires de Police sont invités à lui prêter leur concours le plus actif.

Paris, le 19 septembre 1870.

Le Maire de Paris,
ÉTIENNE ARAGO.

Typ. CHARLES DE MOURGUES frères, Imprimeurs de la Mairie de Paris, rue J.-J. Rousseau, 58. — 7447.

RÉPUBLIQUE FRANÇAISE.

LIBERTÉ, ÉGALITÉ, FRATERNITÉ.

MAIRIE DE PARIS.

La lettre suivante a été envoyée à MM. les Curés :

ARCHEVÊCHÉ
DE PARIS.   MONSIEUR LE CURÉ,

En conséquence de l'arrêté de M. le Maire de Paris, qui dispose que la devise de la République : *Liberté, Egalité, Fraternité*, sera rétablie sur les édifices publics, j'invite Messieurs les Curés à donner à M. GALTIER BOISSIÈRE, qui est chargé de ce soin, toutes les facilités nécessaires pour remplir sa mission, en ce qui regarde les églises.

Paris, le 21 septembre 1870.

† G., Archevêque de Paris.

Typ. CHARLES DE MOURGUES frères, Imprimeurs de la Mairie de Paris, rue J.-J. Rousseau, 58.— 7484.

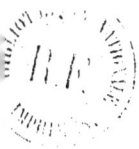

RÉPUBLIQUE FRANÇAISE
LIBERTÉ, ÉGALITÉ, FRATERNITÉ

COMITÉ CENTRAL
RÉPUBLICAIN
DES VINGT ARRONDISSEMENTS DE PARIS

Les vingt Comités d'arrondissement, réunis en Assemblée générale, le 20 septembre 1870, salle de l'*Alcazar*, ont pris les résolutions suivantes :

I

La République ne peut pas traiter avec l'ennemi qui occupe son territoire.

II

Paris est résolu à s'ensevelir sous ses ruines plutôt que de se rendre.

III

La levée en masse sera immédiatement décrétée à Paris et dans les départements, ainsi que la réquisition générale de tout ce qui peut être utilisé pour la défense du pays et la subsistance de ses défenseurs.

IV

La remise immédiate de la police municipale entre les mains de la Commune de Paris; en conséquence, suppression de la Préfecture de police.

V

L'élection rapide des membres de la Commune de Paris, qui se composera d'un Conseiller municipal à raison de dix mille habitants.

Il est arrêté que les résolutions ci-dessus seront portées par voie d'affichage, à la connaissance de la population de Paris, et qu'elles seront en même temps notifiées au Gouvernement par une commission de vingt délégués des vingt arrondissements.

POUR LES VINGT COMITÉS D'ARRONDISSEMENT ET PAR DÉLÉGATION :

Ch. Beslay,	Cornu,	Lefrançais,	J.-B. Perrin,
Z. Camélinat,	E. Dupas,	Ch. Longuet,	G. Ranvier,
Ch.-L. Chassin,	E. Duval,	L. Michel,	Émile Roy,
Eug. Chatelain,	Johannard,	G. Mollin,	Toussaint,
A. Claris,	P. Lanjalley,	G. Pagnerre,	Vertut.

655 PARIS. — ASSOCIATION GÉNÉRALE TYPOGRAPHIQUE, RUE DU FAUBOURG-SAINT-DENIS, 19, BERTHELEMY ET Cⁱᵉ.

Le Maire du 13e Arrondissement
à ses Concitoyens.

CITOYENS,

Aux armes!

L'ennemi est à nos portes; quelques-uns des nôtres ont déjà vu son feu.

Vous savez tous combien nous aimons la justice et la liberté, combien nous les avons défendues.

Vous savez tous combien nous haïssons l'injustice despotique et combien nous l'avons combattue.

Eh bien, nous le jurons, la lutte est aujourd'hui entre la justice et la liberté qui sont de notre côté, et le despotisme que défendent nos ennemis.

Aux armes donc! Tous, nous le répétons.

Que pas un ne faiblisse; que pas un ne recule, et, plutôt que de voir l'avenir et la liberté succomber sous le despotisme du passé, que le dernier de nos Concitoyens soit enseveli sous la dernière de nos pierres.

PASSEDOUET,
Maire du 13e arrondissement.

Paris. — Typ. CHARLES DE MOURGUES frères, rue J.-J. Rousseau, n° 58.—7449.

RÉPUBLIQUE FRANÇAISE

MAIRIE DU NEUVIÈME ARRONDISSEMENT

CITOYENS,

Vous avez entendu le canon!

La République compte sur vous. Nous sommes prêts, calmes, résolus aux dernières extrémités.

Qui hésite est un lâche, qui faiblit est un traître!

Que chacun soit à son poste, que chacun fasse son devoir jusqu'à la mort, et la Patrie sera sauvée.

VIVE LA RÉPUBLIQUE!

Paris, le 20 Septembre 1870.

Le Maire : **RANC**

Les Adjoints { **Ulysse PARENT**
MASSOL

Imprimerie centrale des chemins de fer. — A. CHAIX ET Cⁱᵉ, rue Bergère, 20, à Paris.—11658-0

République Française.

PRÉFECTURE DU NORD.

Habitants du Nord!

A mon entrée en fonctions, je vous ai demandé votre concours au nom de la Patrie en danger. J'ai été entendu de tous les gens sensés et honnêtes, et ils m'ont rendu facile une tâche qui, sans ce concours unanime, eût été au-dessus de mes forces. Avant de vous quitter volontairement, je viens vous prier de vouloir bien continuer à mon successeur et ami, M. Pierre LEGRAND, la bienveillante confiance que vous m'avez témoignée, et dont je vous remercie avec effusion.

Lorsque vous aurez renouvelé vos municipalités, vous procéderez à l'élection de Représentants à une Assemblée Constituante qui va se réunir dans les circonstances les plus terribles qui aient jamais affligé la France. Du vote que vous allez librement émettre dépendra le sort de la Patrie; pesez-en donc bien les conséquences avant de le déposer dans l'urne.

La République n'est point le gouvernement d'une coterie ni d'un parti; c'est le gouvernement de tous. Il importe donc que, laissant de côté tous les vieux errements, les hommes honnêtes et intelligents, d'où qu'ils viennent, puissent librement solliciter vos suffrages.

Cela importe d'autant plus que la tâche principale de la future Assemblée sera de conclure avec l'Allemagne une paix honorable et équitable. Or, pour que l'on puisse atteindre à cet heureux résultat, il faut que l'accès de l'Assemblée soit possible à tous, et qu'aux yeux de l'Europe elle représente bien la France, la France tout entière.

Permettez-moi, cependant, un seul conseil.

Excluez de votre bulletin tous les séides du pouvoir personnel, ces complaisants funestes qui n'ont jamais su donner le moindre avertissement ni rien refuser. Excluez ces ministres imprudents ou coupables qui ont lancé malgré vous le pays dans cette guerre néfaste où menaçaient de s'engloutir la fortune et l'honneur du pays. Quels négociateurs pour la paix que ces hommes aveugles qui ont déchaîné sur nous le fléau de l'invasion !

Mais vous n'avez nul besoin de pareilles exhortations. Une population qui a su comme vous, dans un élan patriotique, se rallier intelligemment autour du Gouvernement de la Défense nationale saura faire de dignes choix, et tous vous prendrez pour mot d'ordre cette formule qui résume toute la situation :

Sauvons la France!   *Fondons la République!*

Lille, 21 septembre 1870.

Le Préfet du Nord,
A. TESTELIN.

70.5183, Lille. — Imp. L. DANEL,

Evreux, le **21** *septembre* **1870, 10** *h.* **20.**

Grande Victoire des Français

―――

Le Délégué supérieur du Comité de défense

aux Comités de défense des arrondissements et des cantons.

Dépêche du Maire d'Ivry à Préfet de l'Eure.

21 septembre 1870, à 8 h. 45 du matin.

Deux conseillers municipaux de Fontenay-le-Fleury, près St-Cyr-l'École, les sieurs Hosselin et Paro, partis hier de leur pays, affirment qu'une bataille a été livrée dans la plaine de Meudon et de Sèvres le 19. 30,000 Prussiens ont été mis hors de combat par le général Vinoy, aidé par le fort de Meudon. Même nombre de prisonniers sont en notre pouvoir. Toute l'artillerie ennemie, environ 93 canons et mitrailleuses sont en notre pouvoir. Armée prussienne démoralisée depuis 5 jours. La bataille est engagée du côté de Saint-Denis. Versailles est occupé. Les éclaireurs que j'ai envoyés ne sont pas encore rentrés; je les attends. Cette dépêche n'est pas officielle, mais paraît mériter confiance; c'est ce qui a déterminé le Préfet à la publier.

On nous rapporte de Vernon :

L'armée prussienne a paru reculer pour passer sur la Seine entre Poissy et Triel et se diriger entre St-Germain et Versailles.

MAIRIE DE CAEN

En présence des exigences insolentes de la Prusse, alors que Paris prend la résolution héroïque de vaincre ou de s'ensevelir sous ses ruines, la France tout entière doit être debout.

La Commission municipale fait appel au patriotisme de ses concitoyens ; elle invite de la manière la plus pressante tous les gardes nationaux, ceux du service ordinaire comme ceux de la réserve, à venir s'inscrire à l'Hôtel-de-Ville pour former immédiatement les compagnies de marche.

Un registre est ouvert à la Mairie pour recevoir les inscriptions.

Les Membres de la Commission municipale,

ROULLAND, B. PARIS, LEVARD, Cn. PAULMIER, a. DE CAEN, BELLAMY, BEAUJOUR.

Caen. — Typ. F. LEBLANC-HARDEL, rue Froide, 2.

République Française

PROCLAMATION
Aux Habitants de Lyon.

CITOYENS,

Une agitation regrettable règne depuis avant-hier dans certains quartiers de la ville. Elle a pour prétexte l'élargissement de quelques personnes arrêtées à la suite de la Révolution du 4 septembre.

Ces mises en liberté ont été ordonnées conformément à la volonté du Gouvernement provisoire. En proclamant l'amnistie, le nouveau Pouvoir a voulu effacer, devant l'invasion étrangère, toute trace de haine et de dissension.

Aux auteurs de ces troubles, je dis : Voulez-vous diviser le pays, déshonorer la République, compromettre les conquêtes de la Révolution ? Faites, prolongez l'agitation, semez l'inquiétude, arrêtez les magistrats, provoquez les collisions : vous en porterez devant la France, le monde et la démocratie, la triste responsabilité.

Je dis, au contraire, à ceux qui aiment la République, comme le seul Gouvernement digne d'un peuple viril : Protestez par vos paroles et par votre influence conte des entraînements aveugles. Calmez les impatiences des uns, les terreurs des autres. Soyez les gardiens volontaires de la loi et de la paix publique. Si, dans la crise terrible où se débat la France, vous réussissez à épargner à vos Concitoyens la honte et l'horreur d'une lutte civile, vous aurez bien mérité de la Patrie et de la liberté.

Le Préfet du Département du Rhône,
P. CHALLEMEL-LACOUR.

Lyon. — Imprimerie J. NIGON, rue de la Poulaillerie, 2.

APPROVISIONNEMENT

DE LA

Ville de Beauvais

Quelques désordres ont eu lieu au Marché de Beauvais samedi dernier.

Les habitants de la campagne, qui ont l'habitude d'approvisionner le marché, pourraient s'abstenir de s'y présenter dans la crainte du retour de pareilles scènes.

Nous venons les rassurer, et leur dire que l'ordre, énergiquement soutenu par les autorités et la population, sera maintenu.

Ils peuvent apporter leurs denrées en toute sûreté, et contribuer à maintenir ainsi l'abondance réclamée par l'intérêt général.

Le Président de la Commission municipale, faisant fonctions de Maire.

CAVREL-BOURGEOIS.

Approuvé :

Le Préfet de l'Oise,

GEORGES JEANNEROD.

BEAUVAIS, Imprimerie de D. PÈRE, Imprimeur de la Mairie.

AUX

HABITANTS

DE L'EURE

Il se commet des infamies qu'on ne saurait trop flétrir.

Des hommes aujourd'hui sans caractère d'autorité, sans aucun droit, mais profitant de l'influence qu'ils s'étaient acquise en servant un gouvernement tombé dans la honte et qui nous a perdus, convoquent les anciens maires et des personnes notables pour leur prêcher la lâcheté.

Dans ces conciliabules, on ose conseiller de n'opposer aucune défense à l'ennemi.

La France ne leur semble pas encore assez abaissée, assez malheureuse : ils la veulent livrée toute honteuse à la flétrissure de l'esclavage. Les conseils de ces valets du despotisme doivent être énergiquement repoussés par tous ceux qui ont un cœur français.

Et, s'il le faut, des mesures énergiques seront prises à l'égard de ces hommes qui conspirent contre la sûreté de l'État et le salut de leur pays.

Evreux, le 24 septembre 1870,

Le Préfet de l'Eure,

FLEAU.

Evreux, A. HÉRISSEY, imp. — 870.

SOUS-PRÉFECTURE
DU HAVRE

République Française

Aux Habitants de l'Arrondissement du Havre.

CITOYENS,

Notre ennemi veut la guerre à outrance, la guerre sans merci !
Il entend nous arracher l'Alsace et la Lorraine. Avant même de consentir à une suspension des hostilités, il exige Strasbourg, Toul, le Mont-Valérien, principal rempart de la capitale.
Il veut nous faire signer notre humiliation, notre honte !
La France trahie a pu être un moment vaincue, jamais elle ne consentira à être déshonorée !

AUX ARMES !

Luttons jusqu'à la mort.
Que tous les Citoyens, inspirés du même souffle patriotique se lèvent et courent au suprême combat?
Entourons l'ennemi d'un cercle de poitrines viriles, étouffons-le sous nos étreintes !
Par un grand effort, nous pouvons encore relever la France de l'abîme où elle se débat si héroïquement.
Assez de ruines ! assez d'humiliations !
Levons-nous tous, et que l'ennemi disparaisse du sol de la Patrie !
La Victoire ou la Mort !

AUX ARMES !

Levons-nous tous pour défendre nos foyers, nos familles, nos biens, notre honneur national !
Que dans chaque commune, dans chaque Hameau, les Municipalités fassent immédiatement un appel à leurs Concitoyens; que sur la place publique s'enrôle sur-le-champ les hommes de courage et de résolution.

CITOYENS,

Nos pères de 1792, comme nous d'abord abandonnés par la fortune, ont sauvé la France : imitons leur héroïsme. Ainsi qu'eux, donnons le grand exemple d'un peuple qui refuse d'être esclave !

AUX ARMES !

Le canon tonne; l'heure décisive, l'heure du sacrifice est sonnée; tous, debout devant l'Europe attentive, montrons que nous sommes toujours les enfants de la grande nation !

VIVE LA PATRIE INTACTE! VIVE LA PÉPUBLIQUE!

Le Sous-Préfet, **E. RAMEL.**

Havre. — Imprimerie Alphée BRINDEAU et Cⁱᵉ (*Journal du Havre*), rue St-Julien.

RÉPUBLIQUE FRANÇAISE.

PRÉFECTURE DU RHONE.

PROCLAMATION

CITOYENS,

Depuis longtemps l'inertie de l'Autorité militaire inspirait au pays une méfiance que la gravité des circonstances ne justifiait que trop. Frappé de cette situation périlleuse, le Gouvernement de la Défense nationale a cru devoir, pour y mettre un terme, concentrer entre mes mains les pouvoirs civils et militaires.

A deux reprises le général MAZURE a été averti de cette décision; à deux reprises il a été prié de donner sa démission, et n'a tenu aucun compte de ces avertissements.

En face de cette résistance, je ne pouvais laisser fléchir l'autorité que je tiens du seul Pouvoir régulier et légitime qui soit reconnu par la Nation. J'ai donc ordonné à la Garde Nationale de s'assurer de la personne d'un chef rebelle à la République.

Je fais appel au patriotisme de l'Armée, qu'elle aide la Garde Nationale à faire respecter la loi, mais aussi qu'elle respecte la discipline. Je seconderai de tout mon pouvoir son ardeur à défendre le pays; mais je maintiendrai sévèrement les lois de la discipline, sans lesquelles il n'y a ni dignité dans le commandement, ni salut pour la République.

Le Préfet du Rhône, Commissaire extraordinaire du Gouvernement,

P. CHALLEMEL-LACOUR.

LYON. — Imprimerie J. NIGON, rue de la Poulaillerie, 2.

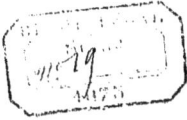

RÉPUBLIQUE FRANÇAISE

Préfecture de l'Aisne.

PROCLAMATION

Aux Citoyens de Saint-Quentin et du Département de l'Aisne,

La première pensée du Gouvernement de la défense nationale avait été de vous appeler dans vos comices afin que, mis en possession de vos droits politiques, vous puissiez ratifier légalement l'acclamation populaire d'où est née la République.

Aujourd'hui la déclaration de la Prusse voulant « *réduire la* » *France à l'état de puissance de second ordre* » ne laisse place qu'à un seul sentiment, celui de la résistance à tout prix.

C'est ce que le Gouvernement de la défense nationale a compris : aussi, vous dit-il, avec un accent tout français « *à ces insolentes* » *prétentions de l'ennemi on ne répond que par la lutte à ou-* » *trance.* »

Unissons-nous donc tous autour du drapeau national et faisons ensemble acte de patriotisme en défendant pied à pied notre territoire envahi.

Maintenant, Citoyens de Saint-Quentin et de l'Aisne, il nous reste un devoir à remplir envers nos frères héroïques de l'Alsace et de la Lorraine. Pour répondre à l'outrage que la Prusse veut leur infliger, ouvrons un registre dans chaque commune. Sur ce registre, *Livre d'or de la démocratie*, allons inscrire nos noms, allons rendre hommage à *l'héroïsme*; allons ensemble protester avec le Gouvernement de la défense nationale contre toute occupation de la moindre parcelle de notre chère France.

St-Quentin, le 25 Septembre 1870.

Le Préfet de l'Aisne,
ANATOLE DE LA FORGE.

St-Quentin. — Imp. JULES MOUREAU.

VILLE D'ARGENTEUIL

Les habitants d'Argenteuil sont prévenus qu'ils ne peuvent circuler librement dans la Ville que de 6 heures du matin à 9 heures du soir.

Mais les voitures de cultivateurs devront être rentrées avant 7 heures du soir.

Les Vignerons voudront bien inviter leurs Amis absents à venir faire immédiatement leurs récoltes.

Toute protection est accordée aux Habitants qui se conformeront aux ordres ci-dessus.

Les Commerçants, quels qu'ils soient, doivent exiger le payement AU COMPTANT de tout ce qui leur sera demandé, soit par les Habitants, soit par les Militaires, résidents ou de passage.

Argenteuil, le 25 septembre 1870.

Le Président de la Commission administrative de la Ville d'Argenteuil,

ALKER.

Argenteuil. — Imprimerie P. WORMS.

VILLE D'ARGENTEUIL

ORDRE DU COLONEL

Il est expressément défendu aux Habitants de circuler le long de la Seine, à droite ou à gauche des Ponts, surtout dans la direction d'Orgemont. — Vers 1 heure, au moment de la fusillade, des Habitants ont communiqué et causé avec des soldats français qui étaient sur l'autre rive.

Tout individu qui sera vu dans ces parages pourra être fusillé séance tenante.

Argenteuil, le 26 septembre 1870.

Le Président de la Commission administrative de la Ville d'Argenteuil,

ALKER.

Argenteuil. — Imprimerie P. WORMS.

Sous-Préfecture de Montdidier.

RÉPUBLIQUE FRANÇAISE

CITOYENS,

Il est temps de se réveiller ! La Prusse nous déclare une guerre à outrance. Assez de hontes et de lâchetés, assez d'abaissement et d'infamie ! Ce n'est plus seulement la France et son honneur qui sont en péril, chacun de nous est directement menacé par un ennemi sauvage, soûlé par ses triomphes, affolé par ses incroyables victoires !

Citoyens ! levez-vous en masse, et vous verrez ces bandes craintives fuir comme des corbeaux troublés dans leur curée ! Vous croyez peut-être avoir à combattre des soldats indomptables ! — il n'en est rien. Notre brave armée a été décimée par leur formidable artillerie et par l'ineptie de ses propres chefs. — Nous ne verrons sans doute ici que des pillards et des bandits ; mais si nous avons le bonheur de rencontrer des troupes réglées, *sachez d'avance ceci* : Les soldats Prussiens n'ont jamais paru dans toutes ces grandes batailles que pour achever la déroute commencée par leurs canons ; jamais ils n'ont osé aborder de près nos soldats ! Leurs fantassins et leurs cavaliers ont peur de nous, et partout où ils trouvent une sérieuse résistance, on les voit fuir lâchement s'ils ne sont pas cinq contre un.

Que pourront-ils contre le pays tout entier debout ?.. Citoyens ! on s'occupe de votre armement. Ceux qui ont accepté la tâche de vous administrer, n'ont plus d'autre souci. — Ayez confiance dans leur patriotisme et leur énergie, — *Mais n'attendez pas.* — Armez-vous tout de suite vous-mêmes ! Secondez-nous par votre propre initiative, et que, devant l'élan unanime de la nation entière, l'ennemi effrayé comprenne enfin qu'il ne trouvera plus en France que la famine et la mort !

AUX ARMES ! Tout fer est bon pour en forger ! Que ceux qui ont des fusils fondent des balles ! Partout où les fusils manquent, armez-vous de lances.

Avec vos faux redressées et solidement emmanchées vous ferez une arme terrible, et les gardes nationales auront des compagnies auxiliaires de faucheurs, qui, dans la lutte corps à corps, répandront parmi l'ennemi l'épouvante ! Quand les faucheurs auront des fusils, les femmes et les enfants prendront leurs faux, et, s'armant encore de fourches et de fourchets, contribueront aussi à la victoire.

Que pas un fusil de chasse, pas un pistolet, pas un morceau de fer pouvant faire un sabre ou une lance ne reste sans emploi !

A l'œuvre, les forgerons ! ne perdez pas un seul jour, pas une heure ! A l'œuvre tout de suite ! Faites-nous des armes ! La lèpre hideuse de l'invasion s'étend toujours et nous dévore ! — *AUX ARMES !*

Le *Sous-Préfet de l'arrondissement de Montdidier,*

A. LAMARLE.

Montdidier, le 26 Septembre 1870.

70-881. — Montdidier, Typ. Hét...

REPUBLIQUE FRANÇAISE.

GOUVERNEMENT DE LA DÉFENSE NATIONALE

DÉCRET

Le Gouvernement de la Défense nationale,

Considérant qu'il n'est pas de force militaire sans une discipline rigoureuse ;

Considérant que la Garde nationale, sur laquelle reposent aujourd'hui la sécurité de la Capitale et le salut de la Patrie, et qui se montre, par son excellent esprit et les progrès rapides de son éducation militaire, à la hauteur des grands devoirs qui lui sont imposés, doit être désormais astreinte aux lois qui régissent, en face de l'ennemi, toute armée régulière,

DÉCRÈTE :

Art. 1er. Pendant la durée du siège, les crimes et délits commis par les gardes nationaux sont jugés par des conseils de guerre dits *de la Garde nationale*. Ces tribunaux appliquent les peines édictées par le code de justice militaire, aux crimes et délits commis dans le service, et la loi commune aux crimes et délits commis en dehors du service.

Art. 2. Il est institué un conseil de guerre permanent dans chaque secteur et un conseil de révision pour l'ensemble de la Garde nationale réunie dans Paris.

Art. 3. Des conseils de guerre sont composés de la manière suivante, selon le grade de l'inculpé.

Pour juger un sous-officier ou un garde :

Un chef de bataillon, président ; deux capitaines, deux lieutenants ou sous-lieutenants, deux sous-officiers.

Pour juger un sous-lieutenant :

Un chef de bataillon, président ; deux capitaines, deux lieutenants, deux sous-lieutenants.

Pour juger un lieutenant :

Un chef de bataillon, président ; trois capitaines, trois lieutenants.

Pour juger un capitaine :

Un chef de bataillon, président ; deux chefs de bataillon, quatre capitaines.

Pour juger un chef de bataillon :

Un commandant de secteur, président ; six chefs de bataillon.

A chaque conseil de guerre sont attachés : un commissaire de la République remplissant l'office de ministère public ; un capitaine rapporteur, un capitaine rapporteur adjoint et un greffier assisté au besoin d'un greffier adjoint.

Art. 4. Le conseil de révision se compose d'un président et de quatre juges ; un commissaire du gouvernement et un greffier lui sont attachés.

Art. 5. Dans chaque secteur, les chefs de bataillon réunis élisent six d'entre eux, parmi lesquels le commandant du secteur désigne par la voie du sort le président, et quand il y a lieu les juges du conseil de guerre.

Dans chaque bataillon, les officiers de même grade élisent un d'entre eux. Il en est de même des sous-officiers inscrits sur ces listes.

Art. 6. Les commissaires du Gouvernement, les capitaines rapporteurs et les greffiers sont nommés par le commandant supérieur de la Garde nationale.

Paris, le 27 septembre 1870.

Art. 7. Le président et les juges du conseil de révision, le commissaire de la République attaché à ce conseil sont nommés par le conseil de l'ordre des avocats près la Cour d'appel de Paris.

Le greffier est nommé par le commandant supérieur.

Art. 8. Les plaintes en conseil de guerre sont adressées par les chefs de bataillon aux commandants de secteurs qui saisissent, s'il y a lieu, les conseils de guerre.

Le Gouverneur de Paris, le commandant supérieur des Gardes nationales sédentaires et les commandants de secteur, peuvent déférer directement un crime ou délit au conseil de guerre.

Art. 9. Outre les peines prononcées par les conseils de guerre, des peines disciplinaires peuvent être infligées par les supérieurs à leurs inférieurs, suivant les différents degrés de la hiérarchie militaire.

Ces peines sont

La révocation de l'officier ou la cassation du sous-officier, le désarmement et la radiation du garde national.

La prison pour les officiers, sous-officiers et gardes ;

Les arrêts pour les officiers.

Le Gouverneur de Paris peut seul prononcer la révocation d'un officier, sur l'avis du commandant supérieur.

Le commandant supérieur prononce la cassation d'un sous-officier, sur la proposition du commandant de secteur.

Le chef de bataillon prononce le désarmement et la radiation d'un garde.

Le commandant supérieur prononce au maximum la peine de quinze jours de prison pour les officiers, d'un mois pour les sous-officiers ou gardes.

Le commandant de secteur prononce, dans les mêmes conditions, la peine de quinze jours et huit jours de prison.

Le chef de bataillon inflige quatre jours de prison ; les capitaines deux jours, mais aux sous-officiers ou gardes seulement.

Les arrêts sont infligés aux officiers de tout grade par leurs supérieurs, jusqu'au maximum de huit jours.

Les arrêts forcés avec remise du sabre et factionnaire à la porte du domicile, sont infligés jusqu'au maximum de huit jours par le commandant supérieur, les commandants de secteur et les chefs de bataillon.

Art. 10. Pendant la durée du siège, les conseils de discipline créés par la loi du 13 juin 1851 cesseront de fonctionner.

Les Membres du Gouvernement de la Défense nationale,

Général TROCHU, JULES FAVRE, EMMANUEL ARAGO, JULES FERRY, GAMBETTA, GARNIER-PAGÈS, PELLETAN, E. PICARD, ROCHEFORT, JULES SIMON.

IMPRIMERIE NATIONALE. — Septembre 1870.

RÉPUBLIQUE FRANÇAISE

LIBERTÉ — ÉGALITÉ — FRATERNITÉ

Préfecture des Bouches-du-Rhône

A LA

GARDE NATIONALE

DE MARSEILLE

Citoyens,

Au nom de la République, je vous remercie et je vous félicite d'avoir pour Colonel le brave citoyen MARIE.

Mon cœur déborde d'émotion quand je songe à la sublime manifestation d'hier. C'était plus qu'une revue : c'était une vaillante réponse à l'insolent défi du Roi de Prusse.

Cette plaine couverte d'une forêt de bayonnettes, ces bataillons défilant avec un martial enthousiasme, la fière attitude et l'admirable tenue de ces soldats citoyens prêts à défendre leurs femmes, leurs enfants, leurs foyers : une telle démonstration de patriotisme ne se voit qu'à de bien rares intervalles dans la vie d'un peuple.

Quand on pense que cette forte et magnifique organisation est sortie de terre en quelques semaines, au cri de la Patrie menacée, qui oserait désespérer ou même douter de la France?

Rendons aussi un éclatant hommage à cette foule émue, sympathique, enflammée par l'exemple de la Garde Nationale, et qui, en l'absence de toute police, a su se conduire avec la majesté d'un peuple libre.

La Garde Nationale a dans notre histoire une origine mémorable; elle est fille de la victoire du peuple; elle est née de la prise de la Bastille.

Son rôle fut tout d'abord tracé par la nature même de l'institution; elle se chargea de maintenir l'ordre et la liberté.

A ce devoir elle n'a jamais failli : en 1789, 1830 et 1848, c'est elle qui, associant au peuple ses nobles efforts, a repoussé d'une main énergique les envahissements de la monarchie.

L'empire avait, en fait, supprimé la garde nationale de Paris, et c'est la garde nationale rétablie par la force des événements qui le fusil au poing, a glorieusement proclamé la déchéance de l'empire.

La République a tout d'abord reconstitué sur des bases larges et inébranlables cette force imposante. La garde nationale, c'est désormais le pays armé.

Les lamentables événements dont est responsable le régime déchu dictent à tous les citoyens le devoir sacré de défendre le territoire.

La Prusse veut la guerre, la guerre à outrance : Eh bien, soit; nous la soutiendrons jusqu'au dernier homme, jusqu'à la dernière goutte de sang. Le glaive est sorti du fourreau et il n'y rentrera qu'illustré par la victoire.

L'empire nous a laissés sans alliés et sans armes.

Des puissances alliées, nous n'en demandons pas, et d'ailleurs, nous en avons une : la justice éternelle, dont nous défendons les droits.

Des armes, nous en trouverons, que ceux qui ne versent pas leur sang, versent leur or. Elle est sonnée l'heure des sacrifices suprêmes. Debout, France! debout! Tout homme doit être soldat, lorsque le pied de l'ennemi souille le sol sacré de la Patrie.

Nous en faisons le serment, au nom des braves Marseillais, au nom des Gardes Nationaux, qui défilaient hier militairement sous le drapeau de la République, au nom de nos pères de 89, la terre de la Provence ne sera jamais déshonorée par les Prussiens.

Disons à la Prusse, que si le peuple français du midi succombait en défendant la liberté, ses ennemis ne régneraient que sur un monceau de ruines et de cadavres.

Empire veut dire invasion. 1814 et 1815 nous l'ont prouvé. Seule la République a sauvé en 93 le territoire menacé; Elle le sauvera pour la seconde fois. Le drapeau du peuple souverain est aussi celui de la victoire.

Vive la République !

Marseille, le 27 septembre 1870.

L'Administrateur Supérieur des Bouches-du-Rhône,

A. ESQUIROS.

Marseille. — Imprimerie du journal le Peuple, rue Moustier, 7.

République Française

PRÉFECTURE DE LA MAYENNE.

A MM. les Instituteurs

Le régime qui vient de s'effondrer dans la honte s'était efforcé souvent de transformer les instituteurs en véritables agents électoraux.

La République tient en trop haute estime les fonctions d'instituteur pour ne pas respecter leur liberté.

Mêlez-vous le moins possible à la politique; n'usez de votre influence légitime que pour prêcher l'union si nécessaire en ce moment; enseignez à tous qu'une élection municipale est un acte de justice et de sécurité. Dites-leur qu'un Conseil municipal est bien composé s'il renferme en son sein, dans des proportions équitables, les hommes représentant les divers intérêts et les groupes rivaux qui existent dans chaque commune.

Surtout, ne vous faites ni l'ardent défenseur, ni l'esclave d'aucune personnalité.

Concentrez toutes vos forces pour enseigner aux enfants qui vous sont confiés, que la responsabilité est le principe de la liberté; que le sentiment de la justice est seul capable de former des hommes courageux, aimés de leurs concitoyens dans le cours de la vie et redoutables à l'ennemi, à l'heure de l'invasion.

Le Préfet de la Mayenne,

EUGÈNE DELATTRE.

Laval, typ. de L. MOREAU, imprimeur de la Préfecture, rue du Lieutenant, 3. — 1870.

No 39. République Française.

Dépêche Télégraphique

Reçue à la mairie d'Arras, le 27 septembre 1870, 5 h. 15 m. du soir.

Arras, le 27 septembre 1870, 4 h. 30 m. soir.

Le Préfet du Nord nous communique la dépêche qu'il a reçue du préfet de l'Oise.

Les Mobiles de la Somme, et nos populations soulevées au son du tocsin, ont repoussé aujourd'hui les Prussiens entre Clermont et Liancourt.

Le Préfet du Pas-de-Calais,

E. Lenglet.

Aut. J. Dulong, à Arras.

VILLE DE MELUN   SEINE-ET-MARNE.

DÉLIBÉRATION
du
CONSEIL MUNICIPAL.

L'an mil huit cent soixante-dix, le vingt-huit septembre,

Le Conseil municipal de la ville de Melun s'est réuni et a délibéré sur une communication que la Municipalité a cru devoir lui faire, quant à l'exécution des conventions intervenues entre elle et les chefs des troupes prussiennes, pour la conservation et l'usage des armes de la garde nationale sédentaire de la ville.

Il a été rappelé que, par deux délibérations successives prises à l'unanimité, dès avant le passage de ces troupes, le Conseil a formellement décidé, d'accord avec l'administration municipale, l'abstention entière de toute résistance armée par la ville. Cette décision était fondée sur la situation exceptionnelle de cette ville qui, outre qu'elle est ouverte de tout côté et n'a pour la défendre ni chef militaire ni soldats, se trouve dans la nécessité absolue de se garder et de protéger toute la contrée qui l'entoure contre les dangers des révoltes et de l'évasion des nombreux prisonniers de la maison centrale.

Qu'en conséquence de ces deux délibérations unanimes, les résolutions du Conseil en ce point ont été déclarées et affirmées, encore à l'unanimité, au Préfet du département, dans une réunion spéciale par lui provoquée ;

Qu'à plusieurs reprises, ces résolutions ont été confirmées expressément par le Conseil; qu'elles ont été surtout constatées par une déclaration écrite signée par le Maire et le commandant de la Garde nationale, et remise au Chef du corps de la troupe prussienne qui a passé le premier à Melun, et qui l'a exigée avant de consentir à laisser ses armes à la Garde nationale ;

Que la même convention a été faite de vive voix, le 18 septembre, entre S. A. le Prince Albert de Prusse et le Maire ;

Que ces conventions portées à la connaissance du Conseil ont reçu son entière approbation ;

Qu'enfin, par une autre convention écrite du 21 du même mois et signée par le général Bernhardi, l'usage des armes laissées à la disposition de la ville a été définitivement réglé et confié à la loyauté de l'Administration municipale ;

Que, dans cette situation, et pour garantir plus sûrement les intérêts les plus importants de la ville, le Maire intimement convaincu de l'intention formelle du Conseil de maintenir ses précédentes résolutions, et aussi de la volonté des habitants de les exécuter franchement, a déclaré aux différents chefs de corps qui l'ont interpellé à cet égard, que la ville ne ferait aucun acte d'hostilité contre leurs troupes.

Il a été ajouté qu'il y avait opportunité à constater ces faits et à renouveler les engagements que la nécessité a imposés au Conseil et à l'Administration municipale pour prévenir toute équivoque même dans les intentions, et défendre la population contre toute imprudence individuelle dans l'intérieur de la ville.

C'est pourquoi le Conseil, s'associant à la pensée de l'Administration municipale, et considérant que les motifs de haute importance qui l'ont décidé à prendre les résolutions sus-énoncées subsistent aujourd'hui avec plus de force encore;

Que, d'ailleurs, jusqu'à ce jour, leur exécution prudente et loyale a garanti dans des conditions honorables la sécurité publique et l'inviolabilité du domicile des habitants ;

Maintient, *à l'unanimité*, ses délibérations et les conventions précédentes, approuve complètement l'exécution sincère que le Maire et le Commandant de la Garde nationale leur ont donnée, et désavoue d'avance et expressément tout acte individuel qui, contrairement à la volonté des habitants, se produirait directement ou indirectement en opposition aux engagements pris par les représentants légaux de la ville.

La présente délibération sera affichée et publiée dans les journaux de la localité.

Et ont tous les membres du Conseil signé.

MM. POYEZ, Maire, GAUDARD et COURTOIS, adjoints, JOURNEIL, FUSER, MARX, LAJOYE, GILLET, COULON, RÉMOND, NIVET, LABICHE, PERNET, RODILLARD, VILLEMAIN, CAILLAUX, LE BRASSEUR, POUSSARD, DÉBONNAIRE, COSTEAU, CARETTE, DESPAGNAT et CRAVOISIER.

Pour copie conforme:
Le Maire, FÉL. POYEZ.

Melun. — Typographie A. HÉRISSÉ, rue de Bourgogne, 23.

Proclamation.

Comme plusieurs assassinats ont été commis par des francs tireurs qui se cachent dans les bois des environs, j'ordonne ce qui suit:

1º Tout individu mâle rencontré dans l'intérieur des forêts et bois sera regardé comme franc tireur et traité en conséquence.

2º Les communes qui n'auront pas dénoncé la présence de tels individus sur leur territoire seront soumises à de fortes contributions

3º En cas d'urgence les municipalités seront arrêtées.

Quartier général du 1er Corps d'Armée bavarois
Longjumeau, le 27 Septembre 1870.

Le général en chef.

Tann

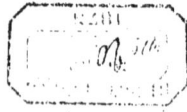

RÉPUBLIQUE FRANÇAISE

PRÉFECTURE DE POLICE

AVIS.

Dans l'espérance de protéger leurs demeures contre les tentatives de l'ennemi, quelques personnes, sans en avoir le droit, ont arboré des drapeaux étrangers ou des pavillons de la Société internationale de Secours aux Blessés.

LE PRÉFET DE POLICE rappelle que les représen-tants officiels des Puissances étrangères ou les Ambulances reconnues ont seuls ce droit, et que nul particulier, à moins d'autorisation écrite des Agents diplomatiques ou du président de la Société internationale, ne saurait l'usurper sans s'exposer à être poursuivi conformément à la loi.

Paris, le 29 septembre 1870.

Le Préfet de Police,
DE KERATRY.

Par le Préfet de Police,
Le Secrétaire-général,
ANTONIN DUBOST.

Paris. — BOUCQUIN, imp., rue de la Ste-Chapelle, 5.

RÉPUBLIQUE FRANÇAISE

MAIRIE DE PARIS.

La Mairie de Paris informe les propriétaires et cultiva-teurs des arrondissements de Saint-Denis et de Sceaux qui ont à rentrer leurs récoltes dans Paris qu'ils trouve-ront aux portes de la Capitale les indications nécessaires pour diriger ces récoltes sur les dépôts qui leur seront affectés.

Dès à présent sont désignés :

Pour le canton de Villejuif et environs, un terrain de 32,000 mètres, rue du Chevaleret, nos 36 et 50 (13e ar-rondissement) ;

Pour Gennevilliers et environs, un terrain de 34,000 mè-tres, quai de Javel, nos 85 et 87 (15e arrondissement).

Pour Créteil et Maisons, un terrain de 10,000 mètres, rue de l'Ave-Maria, derrière le lycée Charlemagne.

La disposition de ces emplacements permet de dresser ces récoltes en meules.

Pour le Maire de Paris :
Le Secrétaire général de la Mairie,
J. MAHIAS.

IMPRIMERIE NATIONALE. — Septembre 1870.

VILLE D'ARGENTEUIL

Les Habitants sont prévenus qu'il est expressément défendu de circuler au bord de la Seine.

On peut puiser de l'eau à côté du pont de bois et aussi à la source de la Villa (dite Source Roquelaure).

Défense expresse de répondre aux cris qui peuvent venir de l'autre côté de la Seine.

Tous les Habitants doivent être rentrés chez eux à NEUF HEURES du soir.

Tous les Militaires en faction *doivent être respectés partout où ils ont été placés.* Ils ont reçu les ordres les plus sévères pour faire observer leur consigne.

Les Habitants sont prévenus que le manque de discipline de leur part, pourrait attirer les plus grands malheurs.

Argenteuil, le 30 septembre 1870.

Le Président de la Commission administrative de la Ville d'Argenteuil,

ALKER.

Argenteuil. — Imprimerie P. WORMS.

MAIRIE DE CAEN

LE PRÉSIDENT
de la Commission municipale
aux
Habitants de Caen

Demain à onze heures, un BATAILLON de la GARDE NA-TIONALE MOBILE part pour aller à la rencontre de l'ennemi.

Les objets de campement font défaut. Laisserons-nous partir sans abri, pour les nuits humides de l'automne, ceux qui vont nous défendre ?

Que chaque famille offre une COUVERTURE DE LAINE, et le bataillon qui nous quitte aura au moins l'indispensable.

Demain jeudi, dès 7 heures du matin, on recevra à l'Hôtel-de-Ville les couvertures de laine qui seront offertes par la générosité des habitants et on les fera parvenir, dès le soir, au bataillon de la Garde nationale mobile.

Hôtel-de-Ville, 5 octobre 1870.

ROULLAND.

Caen. — Typ. F. LE BLANC-HARDEL, rue Froide, 2.

VILLE D'ARGENTEUIL

ÉTAT MAJOR

1. On fait savoir aux Habitants d'Argenteuil qu'il ne leur est permis de puiser de l'eau qu'au Poste du pont.

2. Toute personne qui chercherait à traverser la Seine, sera fusillée.

Argenteuil, le 7 octobre 1870.

Argenteuil. — Imprimerie F. WORMS.

RÉPUBLIQUE FRANÇAISE

L'ADMINISTRATEUR

DE

l'Arrondissement de Beaune

AUX GARDES NATIONAUX

La Patrie est sauvée, je vous l'annonce, je vous le dis.

Elle est sauvée, elle sera sauvée par
vous.

Je vous le dis, parce qu'hier vous
n'étiez tous que de paisibles citoyens,
tandis qu'aujourd'hui, je vous vois tous
transformés en hommes résolus, en
vaillants soldats.

Ils sauront bientôt votre empressement à accourir de tous les points, ces
odieux ennemis.

Ils sauront que pas un de vous n'a
manqué à l'appel.

Ils sauront que ceux dont les noms
avaient été oubliés sont aussi accourus
pour se faire inscrire.

Ils vous verront soumis à la discipline, soumis à vos chefs comme de
vieux soldats.

Beaune, le 8 octobre 1870.

Ils vous verront infatigables, comme
vous l'êtes à manier vos outils, à tracer
vos sillons.

Ils vous verront mépriser leur mi-
traille.

Ils vous verront, lestes et agiles, sauter sur leurs canons pour les enclouer.

Ils en verront qui les regarderont du
seul œil qui leur reste.

Ils en verront de grands, ils en verront de petits.

Ils en verront de vieux, il en verront
de jeunes.

Enfin, ils verront ce que c'est que la
France républicaine,

La France qui se réveille, et qui de
l'Est à l'Ouest, du Nord au Midi, a jeté
son cri d'alarme et de patriotisme.

Je vous le dis, je vous l'annonce.

Ils sont tous perdus !

L'Administrateur,

PAUL BOUCHARD.

Beaune. — Imprimerie LAMBERT.

RÉPUBLIQUE FRANÇAISE.

LIBERTÉ. ÉGALITÉ. FRATERNITÉ.

PROCLAMATION

Citoyens des Départements,

Par ordre du gouvernement de la République, j'ai quitté Paris pour venir vous apporter, avec les espérances du peuple renfermé dans ses murs, les instructions et les ordres de ceux qui ont accepté la mission de délivrer la France de l'étranger. Paris, depuis 20 jours étroitement investi, a donné au monde un spectacle unique, le spectacle de plus de 2.000,000 d'hommes qui, oubliant leurs préférences, leurs dissidences antérieures pour se serrer autour du drapeau de la République, ont déjà déjoué les calculs de l'envahisseur, qui comptait sur la discorde civile pour lui ouvrir les portes de la Capitale.

La Révolution avait trouvé Paris sans canons et sans armes, à l'heure qu'il est on a armé 400,000 hommes de garde nationale, appelé 100,000 Mobiles, groupé 60,000 hommes de troupes régulières. Les ateliers fondent des canons; les hommes fabriquent un million de cartouches par jour; la Garde nationale est pourvue de deux mitrailleuses par bataillon; on lui fait des canons de campagne pour qu'elle puisse opérer bientôt des sorties contre les assiégeants; les forts occupés par la marine ressemblent à autant de vaisseaux de haut bord immobiles, garni d'une artillerie merveilleuse, et servis par les premiers pointeurs du monde.

Jusqu'à présent, sous le feu de ces forts, l'ennemi a été impuissant à établir le moindre ouvrage. L'enceinte elle-même, qui n'avait que cinq canons le 4 septembre. en compte aujourd'hui 3,806. A la même date, il y avait 30 coups de canon à tirer par pièce : aujourd'hui il y en a 400, et l'on continue à fondre des projectiles avec une fureur qui tient du vertige. Tout le monde a son poste marqué dans la cité et sa place de combat.

L'enceinte est perpétuellement couverte par la Garde nationale, qui, de l'aube à la nuit, se livre à tous les exercices de la guerre avec l'application du patriotisme. On sent tous les jours grandir la solidité de ces soldats improvisés. Derrière cette enceinte ainsi gardée, s'élève une troisième enceinte construite sous la direction du Comité des barricades. Derrière ces pavés savamment disposés, l'Enfant de Paris a retrouvé, pour la défense des institutions républicaines, le génie même du combat des rues.

Toutes ces choses, partout ailleurs impossibles, se sont exécutées au milieu du calme, de l'ordre, et grâce au concours enthousiaste qui a été donné aux hommes qui représentent la République.

Ce n'est point une illusion, ce n'est pas non plus une vaine formule : Paris est inexpugnable; il ne peut être pris ni surpris. Restaient aux Prussiens deux autres moyens d'entrer dans la Capitale : la sédition et la faim.

La sédition, elle ne viendra pas; car les suppôts et les complices du gouvernement déchu, ou bien ils ont fui, ou bien ils se cachent. Quant aux serviteurs de la République, les ardents comme les tièdes trouvent dans le Gouvernement de l'Hôtel-de-Ville d'incorruptibles otages de la cause républicaine et de l'honneur national.

La famine : prêt aux dernières privations, Paris se rationne volontairement tous les jours, et il a devant lui, grâce aux accumulations de vivres, de quoi défier l'ennemi pendant de longs mois encore. Il supportera avec une mâle constance la gêne et la disette, pour donner à ses frères des départements le temps d'accourir et de le ravitailler.

Tel est, sans déguisements ni détours, la situation de la Capitale de la France.

Citoyens des départements, cette situation vous impose de grands devoirs. Le premier de tous est de ne vous laisser divertir par aucune préoccupation qui ne soit pas la guerre, le combat à outrance. Le second, c'est, jusqu'à la paix, d'accepter fraternellement le commandement du pouvoir républicain sorti de la nécessité et du droit. Ce pouvoir, d'ailleurs, ne saurait, sans déchoir, s'exercer au profit d'aucune ambition. Il n'a qu'une passion et qu'un titre : arracher la France à l'abîme où la monarchie l'a plongée. Cela fait, la République sera fondée et à l'abri des conspirateurs et des réactionnaires. Donc, toutes autres affaires cessant, j'ai mandat, sans tenir compte ni des difficultés, ni des résistances, de remédier avec le concours de toutes les libres énergies aux vices de notre situation, et quoi que le temps manque, de suppléer à force d'activité à l'insuffisance des délais.

Les hommes ne manquent pas. Ce qui fait défaut, c'est la résolution, la décision et la suite dans l'exécution des projets. Ce qui fait défaut, après la honteuse capitulation de Sedan, ce sont les armes. Tous nos approvisionnements de cette nature avaient été dirigés sur Sedan, Metz et Strasbourg, et l'on dirait que, par une criminelle et dernière combinaison, l'auteur de tous nos désastres a voulu, en tombant, nous enlever tous les moyens de réparer nos ruines.

Maintenant, grâce à l'intervention d'hommes spéciaux, des marchés ont été conclus, qui ont pour but et pour effet d'accaparer tous les fusils disponibles sur le marché du globe.

La difficulté était grande de se procurer la réalisation de ces marchés ; elle est aujourd'hui surmontée.

Quant à l'équipement et à l'habillement, on va multiplier les ateliers et requérir les matières premières, si besoin est. Ni les bras, ni le zèle des travailleurs ne manquent ; l'argent ne manquera pas non plus. Il faut enfin mettre en œuvre toutes nos ressources, qui sont immenses, secouer la torpeur de nos campagnes, réagir contre de folles paniques, multiplier la guerre de partisans, et, à un ennemi si fécond en embûches et en surprises, opposer des pièges, harceler ses flancs, surprendre ses derrières, et enfin inaugurer la guerre nationale.

La République fait appel au concours de tous. Son Gouvernement se fera un devoir d'utiliser tous les courages, d'employer toutes les capacités. C'est sa tradition à elle d'armer les jeunes Chefs ! Nous en ferons.

Le Ciel lui-même cessera d'être clément pour nos adversaires. Les pluies d'automne viendront, et réteaux, contenus par la Capitale, les Prussiens, si éloignés de chez eux, inquiétés, troublés, pourchassés par nos populations réveillées, seront décimés par nos armes, par la faim, par la Nature.

Non, il n'est pas possible que le Génie de la France se soit voilé pour toujours, que la grande Nation se laisse prendre sa place dans le monde par une invasion de 500,000 hommes !

Levons-nous donc en masse et mourrons plutôt que de subir la honte du démembrement.

A travers tous nos désastres, et sous les coups de la mauvaise fortune, il nous reste encore le sentiment de l'unité française, l'individualité de la République.

Paris cerné affirme plus glorieusement encore son immortelle devise qui dictera aussi celle de la France :

Vive la Nation !

Vive la République, une et indivisible !!!

Tours, le 9 octobre 1870.

Le Membre du Gouvernement de la Défense Nationale,
Ministre de l'Intérieur,

Léon GAMBETTA,

Lyon. — J. NIGON, rue de la Poulaillerie, 2.

Nº 46. Dépêches Télégraphiques

reçues à la Mairie d'Arras, le 8 Octobre 1870, à 4 h. 50 m. du soir.

---

*Le Préfet du Pas-de-Calais aux Sous-Préfets
de Béthune, Boulogne, Montreuil-sur-Mer, St-Omer et St-Pol.*

Gambetta arrivé en ballon à Amiens ce matin. — Entrevue avec Testelin, Commissaire extraordinaire, et les Préfets du Nord, du Pas-de-Calais et de la Somme. — Mesures prises pour la défense de la région du Nord.

Gambetta a pleine confiance dans la défense de Paris, et constate l'excellente attitude de la population.

Dépêche du Préfet de l'Aisne.

St-Quentin, 7 Octobre 1870, à midi.

Les Prussiens sont signalés à trois lieues. Ils se proposent d'attaquer St-Quentin ce matin. — J'irai avec Gardes Nationaux et Pompiers, défendre nos barricades. — Nous ferons notre devoir en républicains.

Dernière Dépêche.

Cambrai, 8 Octobre 1870, 11 h. 47 m. matin.

Le Sous-Préfet à MM. les Préfets de Lille, Amiens et Arras, et Sous-Préfets de Valenciennes, Douai, Avesnes et Dunkerque.

L'ennemi vient d'occuper la Gare de St-Quentin.

Pour copie conforme
Le Préfet du Pas-de-Calais,
E. Lenglet.

Arras, S. Dulong, Impr Lith.

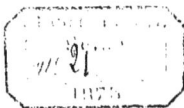

Dépêche Télégraphique.

NOUVELLES DE GUERRE.

Du côté d'Evreux, les Prussiens ont quitté Vernon et Pacy, mais sont entrés en force à Gisors.

De Chartres, on annonce que hier, l'avant-garde Prussienne est arrivée à Dreux, disant précéder un corps de 5,000 hommes.

A Maintenon, l'ennemi est dans les environs de la gare, les Mobiles sont prêts à répondre. Hier matin, vers cinq heures, à Ablis, les francs-tireurs ont attaqué deux escadrons de hussards prussiens et deux compagnies bavaroises barricadées dans les rues. Après un feu très-vif, les nôtres ont emporté les positions, pris 89 chevaux et 69 prisonniers, et tué tous les autres chevaux. Les Prussiens ont fait des pertes sérieuses ; les nôtres sont très-faibles.

Renseignements Officiels

Pithiviers est occupé par les Français. Les vedettes prussiennes sont en vue ; l'ennemi paraît se masser près Etampes.

Saint-Quentin a été attaqué hier à dix heures du matin, par les Prussiens qui furent repoussés avec une ardeur admirable, par la garde nationale, les pompiers, les francs-tireurs et la population de la ville.

Les barricades du faubourg d'Isles, protégées par le canal, ont été défendues pendant cinq heures, et sont encore occupées par les citoyens qui se sont battus comme de vieux soldats. Nous avons perdu 10 hommes, tués ou blessés. Les pertes ennemies sont plus considérables. Nous avons fait douze prisonniers; parmi les morts, il y a deux Officiers prussiens. Le Préfet de l'Aisne, A. de la Forge, a été légèrement blessé. Neufbrisach est entouré et bombardé par l'ennemi, depuis le 7, à deux heures. La Place répond vigoureusement.

Pour copie conforme :

Le Préfet du Pas-de-Calais,

E. LENGLET.

Arras, Typ. Schoutheer, rue des Trois-Visages, 53,

République Française.

DÉPARTEMENT DU RHONE

PROCLAMATION

*Le Commissaire extraordinaire de la République
aux Gardes Nationales du Rhône.*

Le moment des grandes épreuves approche : préparez-vous à les supporter en hommes de cœur et en républicains.

Jamais, à aucune époque de notre histoire, la Garde Nationale ne s'est reconstituée dans des temps plus orageux, et jamais sa tâche n'a été plus difficile.

Vous n'avez pas seulement à défendre à l'intérieur la paix publique et la liberté, dont vous êtes les gardiens naturels : vous avez à déliver Paris et à sauver la France.

Votre ardeur, votre assiduité aux exercices montrent déjà combien vous êtes pénétrés de ce double devoir ; l'évènement montrera bientôt que vous êtes capables de le remplir.

Votre organisation, lente au début, se complète aujourd'hui rapidement. La plus grande partie de la Garde Nationale est armée; l'autre ne tardera pas à l'être. Appliquant à votre corps le grand principe républicain du suffrage, vous avez élu vos Officiers et votre Etat-Major.

Il ne vous manque plus qu'un chef.

Le Citoyen MÉRIA, élevé au commandement par l'acclamation populaire, avait offert sa démission ; cédant au vœu de l'opinion publique, il a consenti à ne pas se séparer de vous. Nommé colonel honoraire, il restera dans vos rangs; il vous dirigera de son expérience et vous réchauffera de son patriotisme.

Il a compris, et vous comprenez vous-mêmes que dans le péril où nous sommes, ce qu'il faut à une Garde Nationale comme la nôtre, qui ne veut pas être un corps de parade, mais une armée sérieuse, c'est un bras jeune, un chef expérimenté dans les choses de la Guerre, et capable de former en peu de temps de bons et solides soldats.

M'inspirant de la gravité des circonstances et de l'intérêt de la Patrie en danger, j'ai emprunté à l'armée un de ses plus braves officiers, le Citoyen ALEXANDRE, Lieutenant-Colonel, et je l'ai nommé **GÉNÉRAL DES GARDES NATIONALES DU RHONE.**

De sérieuses qualités le recommandaient à mon choix et lui assureront votre estime ; ses brillants états de services, un patriotisme ardent, un esprit éclairé, et capable de concilier les exigences de la discipline militaire avec les égards dus à des Soldats-Citoyens.

Au reste, je ne m'étendrai pas sur son éloge : vous le verrez à l'œuvre et vous l'apprécierez vous-mêmes.

Gardes Nationaux,

Nulle part en France l'effort du patriotisme n'a donné à la République une armée plus imposante que celle de la Garde Nationale du Rhône. Si l'ennemi vient, comme il l'annonce, il se brisera contre une puissante barrière. Mais nous ne l'attendrons pas; nous ne nous enfermerons pas, comme Paris a été forcé de le faire, derrière nos redoutes. Pendant que la garde sédentaire veillera à la défense des foyers, nos légions mobilisées iront chercher les envahisseurs, et leur montreront ce que valent ces Lyonnais qu'ils ont l'audace de venir braver jusque chez eux.

Gardes Nationaux,

Encore quelques jours, et réunis avec l'Armée et la Garde Mobile dans une grande revue, vous donnerez à la France et à l'ennemi le spectacle imposant de vos forces et de votre union.

Lyon, le 10 octobre 1870.

Le Préfet du Rhône, Commissaire extraordinaire du Gouvernement,
P. CHALLEMEL-LACOUR.

LYON. — NIGON, rue de la Poulaillerie, 2.

Versailles, le 10 octobre 1870.

ARRÊTÉ

PRÉFECTURE DE SEINE-ET-OISE

Nous, Préfet de Seine-et-Oise,

Considérant que, par suite des incidents de la guerre, la perception des contributions directes, d'après les lois françaises, a été interrompue depuis le mois de septembre, et que la continuation de cette perception dans les formes prescrites d'après les institutions accoutumées, a été rendue impossible par le départ des employés supérieurs de l'administration financière française;

Considérant, en outre, que le rétablissement nécessaire de l'ordre légal et des administrations dans les parties de la France, occupées par les armées allemandes, exigent beaucoup d'espèces qui devront être fournies sans retard.

Avons arrêté et arrêtons ce qui suit :

Article premier. — Vu la présente situation, à dater du 1er octobre courant, la perception des contributions directes, fixées d'après les lois françaises, est provisoirement suspendue et sera continuée d'après le mode suivant.

Article 2. — Le Maire de chaque commune aura à percevoir dans les premiers jours de chaque mois, un douzième de la somme fixée pour sa commune dans l'état du montant des rôles généraux des contributions foncière, personnelle-mobilière, des portes et fenêtres et des patentes, pour l'exercice 1870, qui a été approuvé par M. Cornuau, alors préfet de Seine-et-Oise, et par le directeur des contributions directes, en date du 24 avril 1870. Cette somme devra être versée le 10 de chaque mois, au Maire du chef-lieu de canton qui devra faire le versement le 15 du même mois à la Caisse générale du département établie à Versailles, chez M. le secrétaire Schmttu.

Pour le mois d'octobre courant, la somme répartie à chaque commune doit être versée le 20 du mois courant, aux Maires des cantons de l'arrondissement de Versailles, sont tenus d'en effectuer le versement à la caisse générale du département le 25 octobre, ceux de Corbeil, le 26, ceux d'Etampes, le 27, ceux de Mantes, le 28, ceux de Pontoise, le 29, et enfin ceux de Rambouillet, le 30, entre 9 heures du matin et midi et demi.

Article 3. — Les communes sont responsables pour la rentrée de leurs contributions totales réparties, à la caisse générale du département. Elles devront suppléer aux contributions qui pourraient manquer ou l'absence de certains habitants sauf à plus tard se les faire rembourser.

Article 4. — Une remise de trois pour cent est accordée au Maire de chaque commune pour le recouvrement, et d'un pour cent au Maire du canton pour l'encaissement et le versement à la caisse générale du département.

Les remises sont à déduire de la caisse à chaque versement.

Article 5. — Les Maires ainsi que les contribuables auront à suivre strictement le présent arrêté, sinon je me verrais obligé à recourir à des mesures rigoureuses et à la orce militaire pour faire payer les contributions réparties sur les communes du département.

Le Préfet du département de Seine-et-Oise,
DE BRAUCHITSCH.

Argenteuil. — Imprimerie P. WORMS.

VILLE DE CAMBRAI

Le ballon le *Washington* vient d'opérer une heureuse descente près de Carnières après un voyage de quatre heures : il avait subi pendant son trajet, une fusillade régulière des Prussiens.

Cet aérostat était parti de Paris à 7 heures du matin, sous la direction de M. Bertaut, sa nacelle contenait M. Lefebvre, chargé d'une mission politique, M. Van Roosebecke qui emporte des pigeons pour le service du Gouvernement et 5 sacs de dépêches. MM. Lefebvre et Van Roosebecke sont immédiatement partis pour Tours.

Un autre ballon accompagnait le *Washington*, mais il n'a pu effectuer sa descente en même temps que son compagnon de voyage, il emporte M. de Kératry.

Paris, disent les courageux voyageurs, est admirable de dévoûment, il se défend avec énergie et méthode. Nos troupes ont partout repris l'offensif, elles refoulent l'ennemi du côté de Bellevue, Meudon et St-Cloud. Mais pour obtenir un résultat définitif la capitale compte sur le sérieux concours des départements.

Cambrai, le 12 octobre 1870.

Le Maire,

BERTRAND-MILCENT.

Cambrai. — Imprimerie de REGNIER-FAREZ, Place-au-Bois, 38.

RÉPUBLIQUE FRANÇAISE.

NOUS, Sous-Préfet de Cambrai,

Vu le décret du 29 décembre 1851 et l'article 471 du Code pénal;

Considérant que certains débitants de boissons de Cambrai retiennent chez eux les **Gardes Mobiles**, après l'heure de la retraite militaire; les cachent sous les lits ou dans les armoires pour les dérober aux recherches de leurs chefs et les excitent à la révolte contre ces derniers; que ces actes sont de nature à compromettre gravement la discipline;

ARRÊTONS :

ART. 1er. — Il est défendu aux aubergistes, cafetiers et cabaretiers de Cambrai de recevoir ou de conserver dans leurs établissements après *huit heures du soir*, les **Gardes Mobiles** qui ne seront pas pourvus d'une permission écrite et régulière de leurs supérieurs. Il leur est également défendu de donner à boire aux **Gardes Mobiles en état d'ivresse**.

ART. 2. — Les contraventions au présent arrêté seront constatées par procès-verbaux et poursuivies conformément aux lois. Elles entraîneront, en outre, la **fermeture immédiate des établissements** dans lesquels elles auront eu lieu.

ART. 3. — M. le Maire de Cambrai est chargé de l'exécution du présent arrêté qu'il devra faire immédiatement publier et afficher dans la ville.

Fait à Cambrai, le 17 Octobre 1870.

Pour le Sous-Préfet empêché :
Le Maire de Cambrai délégué,

BERTRAND-MILCENT.

Cambrai. — Imprimerie de REGNIER-FAREZ, Place-au-Bois, 28.

Versailles, le 10 octobre 1870.

ARRÊTÉ

PRÉFECTURE DE SEINE-ET-OISE

Nous, Préfet de Seine-et-Oise,

Après avoir destitué les Sous-Préfets du département parce qu'ils se sont refusés de fonctionner sous mon autorité, et considérant qu'il est nécessaire d'assurer l'exercice des divers services publics, ainsi que la prompte et complète exécution des décisions officielles dans toutes les communes du département ;

Arrêtons :

Article premier. — Les Maires des chefs-lieux des cantons du département sont délégués pour faire exécuter, dans toutes communes rurales de leur cantons respectifs, les décisions de l'autorité supérieure concernant l'administration publique et le recouvrement des impôts.

Article 2. — Le présent arrêté sera publié et affiché par les soins des Maires des chefs-lieux de canton dans toutes les communes de leur canton.

Le Préfet du département de Seine-et-Oise,

DE BRAUCHITSCH.

Argenteuil. — Imprimerie P. WORMS.

RÉPUBLIQUE FRANÇAISE

DÉCRET
RELATIF A
L'ÉTAT DE GUERRE.

Du 14 Octobre 1870.

Le membre du Gouvernement de la défense nationale, ministre de l'Intérieur et de la Guerre,

En vertu des pouvoirs à lui délégués par le Gouvernement, par décret en date, à Paris, du 1er Octobre 1870,

Considérant qu'il importe d'organiser la défense locale et de donner un point d'appui à l'action des gardes nationaux pour les mettre en état de résister à l'ennemi,

DÉCRÈTE :

Art. 1er. — Tout département dont la frontière se trouve, par un point quelconque, à une distance de moins de cent kilomètres de l'ennemi est déclaré en *état de guerre*. Cette déclaration est faite par le chef militaire du département aussitôt qu'il a connaissance de l'approche de l'ennemi à la distance sus-énoncée, et est immédiatement rendue publique, à la diligence des autorités civiles et militaires.

Tous avis concernant la marche de l'ennemi sont transmis directement, par la voie la plus prompte, aux chefs militaires et aux préfets des départements situés dans un rayon de 100 kilomètres au moins dans le sens de la marche de l'ennemi.

Art. 2. — L'état de guerre entraîne les conséquences suivantes :

Le chef militaire du département convoque, toute affaire cessante, un *comité militaire* composé de cinq membres au moins et neuf au plus. Ce comité se compose, outre le chef militaire qui le préside, d'un officier du génie, ou, à défaut, d'artillerie, d'un officier d'état-major, d'un ingénieur des ponts et chaussées et d'un ingénieur des mines. A défaut de ces divers fonctionnaires, les membres sont choisis parmi les personnes qui, en raison de leurs aptitudes ou de leurs antécédents, s'en rapprochent le plus.

Le comité, après avoir visité, s'il y a lieu, le terrain, désigne dans les quarante-huit heures, à partir de la déclaration d'état de guerre, les points qui lui paraissent le plus favorablement situés pour disputer le passage à l'ennemi.

Ces points seront immédiatement fortifiés à l'aide de travaux en terre, d'abattis d'arbres et autres moyens d'un emploi rapide et peu dispendieux. Ces fortifications prendront, selon le cas, le caractère d'un camp retranché pouvant contenir tout ou partie des forces disponibles du département, et recevront, s'il y a lieu, de l'artillerie. Chacune des voies par lesquelles l'ennemi est supposé pouvoir avancer recevra au moins un système de défense semblable, dans les limites du département. Il ne sera fait exception que lorsque la voie sera déjà commandée dans le département par une place fortifiée.

Art. 3. — Le comité militaire ou les membres délégués par lui auront droit de réquisition directe sur les personnes et les choses, pour procéder à l'établissement des travaux sus-mentionnés. Ils paieront les dépenses à l'aide de bons délivrés par eux, et qui seront acquittés sur les fonds du département ou des communes, ainsi qu'il sera dit plus loin.

Art. 4. — Dès que le chef militaire du département jugera qu'un des points ainsi fortifiés est menacé, il y dirigera les forces nécessaires à la défense. Ces forces seront empruntées, soit aux troupes régulières ou auxiliaires du département, non utilisées pour les opérations du corps d'armée en campagne, soit à la garde nationale sédentaire. A cet effet, le chef militaire jouira du droit de convoquer des gardes nationales jusqu'à 40 ans, de telle commune qu'il désignera. Il aura le commandement en chef de toutes les forces ainsi réunies, et présidera lui-même à la défense.

L'officier du grade le plus élevé après lui commandera sur un autre point.

Art. 5. — Si un passage est forcé par l'ennemi, on veillera à rétablir la fortification aussitôt que possible, de manière à couper la retraite à l'ennemi et le passage sera gardé jusqu'à ce que le chef militaire juge l'ennemi suffisamment éloigné.

Art. 6. — Tant que dure l'état de guerre d'un département, les gardes nationaux convoqués à la défense, sont placés sous le régime des lois militaires ; s'ils manquent à l'appel ou s'ils n'accomplissent pas leur devoir de soldat, ils sont passibles des peines prévues par le code de l'armée.

A défaut d'uniforme, les gardes nationaux convoqués doivent porter le képi, afin de constater leur qualité militaire.

Ils doivent, au moyen des bons qui leur seront remis par les soins du comité militaire, se pourvoir de vivres pour trois jours, sans préjudice des approvisionnements de tous genres que le comité militaire aura pu réunir directement sur les lieux.

Art. 7. — Les bons délivrés par le comité militaire sont reçus comme espèces dans les caisses publiques, et acquittés au moyen d'un emprunt contracté au nom du département par le conseil général et, si le conseil général a été dissous, par une commission départementale nommée par le Préfet.

Art. 8. — Dès la publication du présent décret, les préparatifs de défense ci-dessus prescrits commenceront d'urgence dans les départements compris dans la zone de guerre (jusqu'à 100 kilomètres au moins de l'ennemi), et les départements au-delà de cette zone se livreront aux études préliminaires tendant à déterminer les points à fortifier ultérieurement.

Les officiers du génie de tous grades, occupés au service courant ou attachés à des corps en campagne, mais non indispensables aux opérations de ces corps, se feront connaître immédiatement au délégué du ministre de la guerre, qui leur donnera des destinations dans les départements, pour y être attachés aux comités militaires et y diriger les travaux de défense prescrits par ces comités.

Art. 9. — Les chefs militaires des départements sont rendus personnellement responsables de l'organisation de la défense et de la résistance à opposer à l'ennemi.

Fait à Tours, le 14 octobre 1870.

Le Membre du Gouvernement, ministre de l'Intérieur et de la Guerre,
L. GAMBETTA.

Par le ministre, le délégué du ministre au département de la guerre,
G. DE FREYCINET.

PROMULGATION D'URGENCE

Le Préfet de la Seine-Inférieure,

Vu l'organisation du 18 janvier 1817,

Considérant que les frontières du département se trouvent dans les conditions prévues par l'art. 1er du décret ci-dessus,

ARRÊTE :

Le décret ci-dessus transcrit sera immédiatement affiché pour recevoir son exécution dès le moment où il sera connu par ce moyen de publication.

Rouen, le 18 Octobre 1870.

Le Préfet de la Seine-Inférieure, DESSEAUX.

Rouen. — Imp. E. CAGNIARD, rues Jeanne d'Arc, 88, et des Basnage, 5.

RÉPUBLIQUE FRANÇAISE

PRÉFECTURE DU RHONE.

DÉPÊCHE OFFICIELLE

LE MINISTRE DE L'INTÉRIEUR

à MM. les Préfets et Sous-Préfets,

Des nouvelles sont arrivées de Paris par ballon parti le 12 octobre, elles sont résumées dans la proclamation suivante du Ministre de la Guerre et de l'Intérieur :

CITOYENS DES DÉPARTEMENTS !

C'est avec une indicible expression de joie que je me hâte de vous faire connaître les fortifiantes nouvelles qui nous arrivent de Paris, apportées par le ballon parti le 12 octobre de la Capitale.

A Paris, le peuple, de jour en jour plus héroïque, prépare le salut de la France par l'ordre admirable qu'il maintient dans la cité, par les privations qu'il s'impose joyeusement. Car, détail qui n'a rien de vulgaire dans la grandeur de la situation, c'est de viande de cheval qu'il se nourrit au début du siège, réservant le bétail pour les derniers jours.

Impatiente derrière ses remparts, la Garde Nationale a voulu marcher à l'ennemi. Voici le bulletin de sa première victoire :

Sur toute la ceinture les Prussiens ont été délogés des positions qu'ils occupaient depuis trois semaines.

Au Nord, dans la direction de St-Denis, on les a refoulés au delà de Stains, de Pierrefitte, de Dugny ;

A l'Est, on leur a repris Bobigny, Joinville-le-Pont, Créteil et le plateau d'Avron ;
Au Sud-Ouest, on leur a enlevé le Bas-Meudon et St-Cloud, les refoulant sur Versailles.

Ils savent maintenant ce que vaut un peuple résolu, qui veut sauver son honneur et ses institutions. Je vous disais, il y a deux jours « *Paris est inexpugnable :* » le voilà redevenu assaillant.

D'aussi admirables exemples ne peuvent laisser les départements insensibles; redoublons tous de travail et d'énergie; sûrs désormais que Paris fera son devoir jusqu'au bout, faisons le nôtre.

VIVE PARIS ! VIVE LA FRANCE ! VIVE LA RÉPUBLIQUE !

Le Membre du Gouvernement de la Défense Nationale,
Ministre de l'Intérieur et de la Guerre,

LÉON GAMBETTA.

Pour copie conforme :
Le Préfet du Rhône, Commissaire extraordinaire du Gouvernement,

P. CHALLEMEL-LACOUR.

LYON. — Imprimerie J. NIGON, rue de la Poulaillerie, 2.

RÉPUBLIQUE FRANÇAISE.

PRÉFECTURE DU RHONE.

Le Préfet du Rhône à ses Concitoyens,

Vu diverses dépêches du Gouvernement de la Défense nationale, desquelles il résulte que le général Mazure n'a pas reçu en temps utile la notification relative à la concentration des pouvoirs entre les mains du Préfet, qu'avait dû lui adresser son Chef, le Ministre de la Guerre;

Vu l'arrêt de non-lieu, en date du 13 octobre, rendu sur la plainte déposée par le Conseil municipal contre le général, au sujet d'une distribution de cartouches faite par son ordre;

Vu l'ordre, en date du 13 octobre, signé Léon Gambetta, Ministre de l'Intérieur et de la Guerre, par lequel le Ministre mande immédiatement auprès de lui le général Mazure pour lui demander compte de ses actes;

Considérant que, sur la question de concentration des pouvoirs civils et militaires, exigée par les circonstances, l'opinion publique a reçu pleine et entière satisfaction;

Considérant enfin que, si des malentendus regrettables ont jeté le trouble dans la ville, le Public, qui ne demande que justice, apprendra avec plaisir que l'enquête n'a révélé à la charge du général aucune intention coupable;

Le Préfet du Rhône, Commissaire extraordinaire de la République, a l'honneur d'informer ses Concitoyens qu'il a ordonné la mise en liberté du général Mazure et son départ immédiat pour Tours.

Lyon, le 14 Octobre 1870.

P. CHALLEMEL-LACOUR.

Lyon. — Imprimerie NIGON, rue Poulaillerie, 28.

République française

DÉCRET

relatif aux

TRIBUNAUX DE COMMERCE

Le gouvernement de la défense nationale,
Considérant que le suffrage universel est le principe fondamental de notre droit public ;
Qu'il est contraire à ce principe de remettre l'élection des juges consulaires à un corps électoral composé de membres arbitrairement choisis par le Préfet,

Décrète :

1° Le décret des 2-5 mars 1852 sur les tribunaux de commerce est abrogé ;
2° Les articles 618, 619, 620, 624 et 629 du code de commerce seront remplacés et modifiés de la manière suivante :

Art. 618. — Les membres des tribunaux de commerce seront élus par une assemblée composée des citoyens français patentés depuis deux ans, des capitaines au long cours et des maîtres au cabotage ayant commandé des bâtiments pendant deux ans et domiciliés depuis deux ans dans le ressort du tribunal.

Ne pourront participer à l'élection :
1° Ceux qui sont frappés des incapacités prévues par l'article 3 de la loi des 15-18 mars 1849 ;
2° Les individus condamnés pour contraventions aux lois sur les maisons de jeu, sur les loteries et sur les maisons de prêts sur gage ;
3° Les individus condamnés pour les délits prévus aux articles 413, 418, 419, 420, 421, 423, 439 § 2 du code pénal, et aux articles 596 et 597 du code de commerce ;

Art. 620. — Sont éligibles aux fonctions de juge et de suppléant :
1° Tout citoyen français qui a déjà exercé l'une ou l'autre de ces fonctions ;
2° Tout citoyen français âgé de trente ans, ayant exercé le commerce avec patente pendant cinq ans au moins, tout capitaine au long cours ou maître au cabotage ayant commandé pendant cinq ans, pourvu que chacun des éligibles ait son domicile réel dans le ressort du tribunal, et qu'il ne se trouve dans aucun des cas prévus aux § 2, 4 et 5 de l'article 618.
A Paris, nul ne pourra être nommé juge, s'il n'a été suppléant.

Art. 624. — L'assemblée électorale se tiendra dans le lieu où siège le tribunal. Elle sera convoquée par le préfet du département dans la première quinzaine du mois d'avril au plus tard. L'arrêté de convocation déterminera l'heure de l'ouverture du scrutin.
En cas de non convocation, la réunion des électeurs aura lieu de droit le 15 avril.
La séance ouvrira à neuf heures précises du matin.
L'assemblée convoquée sera présidée par le maire ou son délégué, assisté des quatre électeurs qui seront les deux plus âgés et les deux plus jeunes des membres présents. Le bureau, ainsi composé, nomme un secrétaire pris dans l'assemblée. Il décide toutes les questions qui peuvent s'élever dans le cours de l'élection. Aucune décision

senter à l'audience du tribunal civil, siégeant dans l'arrondissement où le tribunal de commerce est établi, procède publiquement à leur réception et en dresse procès-verbal, consigné dans ses registres.
La procès-verbal de cette séance est transmis à la cour d'appel, qui en ordonne l'insertion dans ses registres.
Le jour de l'installation publique du tribunal de commerce, il est donné lecture du procès-verbal de réception ;
3° Dans les huit jours qui suivent leur réception, le tribunal, les juges titulaires et suppléants élisent le président à la majorité absolue des suffrages et au scrutin secret.
Si, au premier tour de scrutin, aucun membre ne réunit la majorité absolue, un deuxième tour aura lieu le même jour.
Si ce deuxième tour est sans résultat, le juge titulaire qui, à l'élection générale, aura obtenu le plus grand nombre de voix, sera de droit président. En cas de concours, l'élection aura lieu en faveur du plus âgé ;
4° L'article 626 du Code de commerce est complété comme il suit :
Le rang à prendre dans le tableau des juges et des suppléants sera fixé à la majorité absolue au scrutin de liste auquel prendront part les juges et les suppléants.
Ce scrutin, qui sera secret, aura lieu dans la chambre du conseil aussitôt après la nomination du

4° Les faillis non réhabilités.

Art. 619. — Tous les ans la liste des électeurs du ressort de chaque tribunal sera dressée dans chaque commune par le maire, du 1er au 15 janvier.
Le maire enverra la liste ainsi préparée au préfet ou au sous-préfet qui fera publier et afficher la liste générale dans toutes les mairies de l'arrondissement du tribunal. Cette publication devra être faite cinquante jours avant l'élection.
Pendant les quinze jours qui suivront la publication et l'affiche, tout commerçant patenté de l'arrondissement aura le droit d'élever des réclamations sur la composition de la liste, soit qu'il se plaigne d'avoir été indûment omis ou rayé, soit qu'il demande l'inscription ou la radiation d'un citoyen indûment inscrit. Dans le premier cas, sa réclamation et les pièces justificatives seront communiquées par lui au ministère public ; dans le second cas, il devra fournir la preuve que la demande a été notifiée par lui à la partie intéressée, qui aura cinq jours pour intervenir à compter de cette notification.
Les réclamations seront jugées en dernier ressort par le tribunal de l'arrondissement, toute affaire cessante, sommairement, sans qu'il soit besoin du ministère d'avoués.
Les actes judiciaires auxquels l'instance donnera lieu ne seront pas soumis au timbre et seront enregistrés gratis.
L'affaire sera rapportée en audience publique par un des membres du tribunal et le jugement sera prononcé après que les parties ou leur défenseur et le ministère public auront été entendus.
En cas de pourvoi en cassation, il sera procédé toutes affaires cessantes, comme devant le tribunal, avec exemption des droits de timbre, d'enregistrement et sans consignation d'amende.
La liste rectifiée, s'il y a lieu, par suite de décision judiciaire sera close définitivement dix jours avant l'élection ; cette liste servira pour toutes les élections de l'année, sans qu'elle puisse subir aucune modification.
Du 1er au 15 janvier de chaque année, le maire de chaque commune révise les listes électorales conformément à l'art. 21 de la loi des 15-18 mars 1849.
Le tableau contenant les additions et retranchements faits par le maire à la liste électorale est déposé le 15 janvier au secrétariat de la commune.
Il est ensuite procédé à l'égard des contestations qui pourraient être élevées contre ce tableau conformément aux dispositions ci-dessus.

n'est valable si le bureau n'est pas au moins composé de trois membres.
Cette assemblée pourra être divisée en plusieurs sections dans les localités où l'administration le croira nécessaire.
Les juges seront nommés tous par un seul scrutin de liste.
Les suppléants seront également nommés tous par un seul scrutin.
La durée de chaque scrutin sera de trois heures.
La majorité absolue des suffrages exprimés est nécessaire pour chaque nomination.
Si l'élection n'a pu être faite au premier tour, un deuxième tour de scrutin aura lieu huit jours après, sur nouvelle convocation du préfet, et l'élection aura lieu à la majorité relative, quel que soit le nombre des votants. Le scrutin s'ouvrira à neuf heures du matin et sera clos à une heure.
Le président de l'assemblée proclame le résultat de l'élection.
Le procès-verbal est rédigé en triple original. Le président de l'assemblée transmet immédiatement l'un des trois originaux au préfet, le second au greffe du tribunal, le troisième au procureur général près la cour d'appel.
Dans les cinq jours de l'élection, tout citoyen ayant pris part à l'opération électorale, aura le droit d'élever des réclamations sur la régularité ou la sincérité de l'élection dans les dix jours de la réception du procès-verbal ; le procureur aura le même droit.
Ces réclamations seront communiquées aux citoyens dont l'élection serait attaquée, et qui auront le droit d'intervenir dans les cinq jours de la communication. Elles seront jugées sommairement sans frais, dans la quinzaine, par la Cour d'appel du ressort de laquelle l'élection a lieu. L'opposition ne sera pas admise contre l'arrêt par défaut qui devra être signifié.
La nullité partielle ou absolue de l'élection ne pourra être prononcée que dans les cas suivants :
1° Si l'élection n'a pas été faite selon les formes prescrites ;
2° Si le scrutin n'a pas été libre ou s'il a été vicié par des manœuvres frauduleuses ;
3° S'il y a incapacité légale dans la personne de l'un ou de plusieurs des élus, dont l'élection est alors annulée.

Art. 629. — Dans la quinzaine de la réception du procès-verbal, s'il n'y a pas de réclamation, ou dans la huitaine de l'arrêt statuant sur la réclamation, le procureur de la République invite les élus à se pré-

président.
Un juge titulaire ou suppléant au moins doit concourir à tout jugement du tribunal de commerce, à peine de nullité.
Lorsque par des récusations ou empêchements, il ne restera plus un nombre suffisant de juges ou suppléants, il y sera pourvu au moyen d'une liste formée annuellement par chaque tribunal de commerce entre les éligibles du ressort, et, en cas d'insuffisance, entre les électeurs, ayant leur résidence dans la ville où siège le tribunal.
Cette liste sera de cinquante noms pour Paris, de vingt-cinq pour les tribunaux de plus d'un membre, de quinze noms pour les autres tribunaux. Les juges complémentaires seront appelés dans l'ordre fixé par un tirage au sort fait en séance publique entre tous les noms de la liste, par le président du tribunal de commerce.
5° Les articles 4 et 7 du décret du 6 octobre 1809.

DISPOSITION TRANSITOIRE.

6° Il sera procédé à une élection générale dans les formes et délais prescrits par le présent décret. Cette première élection et aux élections postérieures, les règles prescrites par l'art. 622 du code de commerce seront appliquées. Les pouvoirs des juges actuellement en fonctions sont prorogés jusqu'à l'installation de ceux qui doivent le remplacer. Le nombre des tribunaux et le lieu où ils siègent pourront être ultérieurement modifiés.
Le présent décret est applicable à l'Algérie.
Tours, le 17 octobre 1870.
Signé : Ad. Crémieux, Al. Glais-Bizoin, L. Fourichon, L. Gambetta.

PROMULGATION D'URGENCE.

Le Préfet du département de la Seine-Inférieure,
Vu les ordonnances des 27 novembre 1816 et 18 janvier 1817,

ARRÊTE :

Le décret ci-dessus sera immédiatement affiché pour recevoir son exécution dès l'instant même où il sera connu par cette voie.
Rouen, le 2 novembre 1870.

Le Préfet de la Seine-Inférieure,
DESSEAUX.

REPUBLIQUE FRANÇAISE.

PRÉFECTURE DU RHONE.

ORDRE DU JOUR

Gardes Nationaux,

Je ne vous ferai pas d'éloge banal. Je vous parlerai comme à des hommes qui vont se trouver bientôt peut-être en face de l'ennemi.

Votre tenue vraiment militaire, vos acclamations unanimes m'ont révélé la résolution ferme de défendre la Patrie et la République.

J'aurais voulu que les calomniateurs de Lyon fussent présents à cette revue. Ils auraient appris ce que vaut la ville la plus républicaine de la France.

Oui, sur vos visages, dans votre attitude, dans vos cris, ils n'auraient vu éclater qu'un seul sentiment : celui d'un attachement inébranlable à la cause de la liberté, qui est celle du Pays menacé.

Maintenant, j'en suis certain, la République n'a plus d'ennemis qu'un petit nombre de lâches fuyards, que nous saurons bien atteindre, et une poignée d'agitateurs méprisés et ténébreux. Elle a pour elle tout ce qui se montre, tout ce qui s'arme, tout ce qui est résolu à combattre et à vaincre.

Courage donc, Citoyens, nous combattrons, nous vaincrons. Ce jour-là je serai avec vous, et ce sera un beau jour.

J'ai vu avec chagrin que quelques-uns d'entre vous n'ont pas encore de fusils : nous leur en trouverons.

Vous manquez de canons : on vous en donnera.

Vous manquez de mitrailleuses : on vous les prodiguera.

Plusieurs des armes qui vous ont été confiées sont insuffisantes : on les transformera.

En attendant l'ennemi, exercez-vous sans repos, sans relâche. Prenez sur vos occupations tout le temps que vous pourrez leur dérober. On vous exercera au tir, à la cible, au pointage. L'exercice est aujourd'hui la chose nécessaire; le reste vient en second lieu. Vous ne resterez citoyens que si vous devenez soldats.

Ceux qui ont vu hier reluire au soleil cette forêt de bayonnettes ont aujourd'hui le cœur tranquille. Songez que, s'il était dit que les Lyonnais ont cédé sans lutte aux Prussiens, toutes les eaux réunies de la Saône et du Rhône ne suffiraient pas pour laver cette tache d'infamie.

Imitez ceux de Saint-Quentin, ceux de Paris, qui repoussent bravement l'invasion, et qui tombent sur leur seuil plutôt que de le voir souillé par l'envahisseur. Faites, comme a dit GAMBETTA, un pacte avec la victoire ou avec la mort.

Je compte sur vous, Citoyens. Au jour du danger comptez sur moi.

Lyon, le 16 octobre 1870.

Le Commissaire extraordinaire, Préfet du Rhône,

P. CHALLEMEL-LACOUR.

LYON. — Imprimerie J. NIGON, rue de la Poulaillerie, 2.

VILLE D'ARGENTEUIL

ÉTAT MAJOR

ORDRE DU COLONEL

1. Tout passage sur le boulevard Héloïse, autrement dit quai de Seine, est interdit à partir d'aujourd'hui.

2. Les rassemblements de plus de trois personnes sont expressément défendus.

Argenteuil, le 17 octobre 1870.

Argenteuil. — Imprimerie P. WORMS.

VILLE D'ARGENTEUIL

ÉTAT MAJOR

ORDRE DU COLONEL

1. En cas de nouveau bombardement, il est expressément ordonné aux habitants de se tenir au rez-de-chaussée de leurs habitations.

2. Les soldats ont l'ordre de tirer sur tous ceux qui seraient aperçus aux étages supérieurs.

Argenteuil, le 19 octobre 1870.

Argenteuil. — Imprimerie P. WORMS.

RÉPUBLIQUE FRANÇAISE

PRÉFECTURE DE L'EURE

EMPRUNT

POUR LA

DÉFENSE NATIONALE

Le **PRÉFET** de l'Eure a l'honneur de prévenir le public qu'un emprunt pour la défense nationale a été contracté à Londres, et qu'une souscription publique est ouverte en France.

Les souscriptions du département de l'Eure seront reçues, à Evreux, à la Trésorerie générale, pour les arrondissements d'Evreux, Andelys, Louviers, et chez les Receveurs particuliers de Bernay et Pont-Audemer pour ces deux arrondissements.

Les obligations sont de 500 fr.; elles sont émises à 425 fr., avec intérêt annuel de 50 fr., et remboursables au pair dans 54 ans.

L'ouverture de la souscription est fixée au jeudi matin 27 octobre; elle sera fermée le samedi soir 29 octobre.

Le Préfet, FLEAU.

Évreux. — A. HERISSEY, imprimeur. — 1070.

PROCLAMATION

Il a paru dans le journal l'*Etincelle*, de Meulan, un article dont le but est d'intimider les personnes qui fournissent des vivres à l'armée prussienne.

Les meuniers craignent de faire moudre leurs blés et de vendre leurs farines à l'armée prussienne.

Nous engageons les habitants du département à ne pas se laisser intimider, et nous les avertissons qu'à la première occasion nous rendrons responsables de cet article alarmant le gérant du journal et l'auteur dudit article, selon les lois de la guerre.

Pontoise, le 23 octobre 1870.

Le commandant royal prussien,

Signé : Von SLUPECKI,

Major et Commandant.

In der zeitung, l'*Etincelle* werden die müller heunruhigt und mit dem tode bedroht in einem nicht unterschriebenen artikel, wenn sie das getreide mahlen und für die preussische armee liefern. Der einsetzer dieser anonce und der gerant dieser zeitung wird bei naehster gelegenheit dafür verantwortlich gemacht werden, nach den kriegsgesetzen.

Pontoise, den 23 october 1870.

Königlich preussische commandantur,

Gez : Von SLUPECKI,

Major und bataillons commandeur.

Imprimerie DUFEY, à Pontoise.

N° 81. *République Française.*

Dépêches Télégraphiques

reçues à la Mairie d'Arras, le 23 Octobre 1870, à 3 heures du soir.

Cambrai, *le 23 Octobre 1870, 3 h. 15 m.*

Le Sous-Préfet de Cambrai

à Messieurs les Préfets, à Arras et Lille, et Sous-Préfets de Douai et Valenciennes,

Le Maire de Busigny télégraphie qu'une reconnaissance arrivée ce matin, rapporte que des Uhlans arrivés à St-Quentin, hier, vers cinq heures, ont annoncé une sortie de Bazaine, et ont donné ordre de marcher sur Mézières.

Ils sont tous partis ce matin, se dirigeant sur Laon.

Pour copie conforme :

Le Préfet du Pas-de-Calais, **E. Lenglet.**

Tours, *le 25 Octobre 1870.*

Le Ministre de l'Intérieur à MM. les Préfets et Sous-Préfets.

Circulaire.

Combat hier, depuis neuf heures du matin jusqu'à la nuit, devant Besançon, Voray et Cussy. — Les détails manquent. — Engagement sérieux, de midi à deux heures et demie, dans la forêt d'Hécourt (Eure). — Les Prussiens avec artillerie, cavalerie et infanterie, ont été repoussés par les Eclaireurs Mocquart, les Mobiles de l'Ardèche et les Francs-Tireurs de Caen, qui leur ont mis une centaine d'hommes hors de combat. — De notre côté, le Commandant des Eclaireurs a été grièvement blessé. Deux Mobiles de l'Ardèche ont été tués, 8 à 10 blessés. — Devant Vernon, canonnade de rive à autre de la Seine, pendant plus d'une heure, par l'ennemi, qui s'est retiré. Dégât peu considérable. — Dans un engagement près Fontainebleau, le 21, les Francs-Tireurs auraient démonté 40 cavaliers.

On dit 150 hommes ennemis à Châteauneuf (Loiret).

Pour copie conforme :

Le Préfet du Pas-de-Calais, **E. Lenglet.**

Ant. J. Dulong, à Arras.

AVIS AUX HABITANTS

N 56. République Française.

Préfecture du Pas-de-Calais.

Tours, le 31 octobre 1870, une h^{re} 10^m matin.

*Le Commissaire Général de la Défense Nationale
pour la Région du Nord,
à MM. les Préfets de Lille, Arras et Amiens.*

*La trahison de Bazaine a excité ici une profonde indigna-
tion, mais pas de découragement.*

On est prêt pour toutes les éventualités.

Activez l'habillement et l'armement des Mobiles.

*Je viens de traverser une grande partie de la France, tout le
monde est sous les armes et décidé à la lutte; le succès sera en
raison de l'énergie que nous déploierons. Je compte repartir ce
soir.*

Signé : **Testelin.**

Pour copie conforme :

Le Préfet du Pas-de-Calais, **E. Lenglet.**

Par ordre de Monsieur le Général commandant
les forces Prussiennes à Mantes :

1° Défense est faite de publier toute espèce de nouvelles.

Celui qui serait pris publiant des nouvelles serait arrêté
et traduit devant un conseil de guerre.

2° D'après les nouvelles officielles reçues du quartier
royal, à Versailles, la ville de Metz s'est rendue avec
150,000 hommes sous les ordres du Maréchal Bazaine :
dans ce nombre il y a 20,000 blessés.

3° L'armée de la Loire, sous les ordres du Général
Motte-Rouge, a été battue à Orléans.

PRÉFECTURE DU DÉPARTEMENT DE LA MANCHE.

SUBSISTANCES.

APPROVISIONNEMENTS
DE PARIS.

Extrait de l'Arrêté ministériel confiant à **M. BARTHELEMY** *le soin de réunir des Approvisionnements en vue du ravitaillement de Paris.*

Art. 3. — M. BARTHELEMY fera viser chaque facture d'acquisition par l'Autorité locale; ce visa constatera le prix d'achat et les quantités achetées.

Art. 4. — Le transport des denrées et la nourriture du bétail sont à la charge du Gouvernement. —Des locaux spéciaux dans les lieux de dépôts provisoires seront mis à la disposition de M. BARTHELEMY, par les Autorités locales, jusqu'au moment où il recevra l'ordre de concentrer ses approvisionnements sur les points qui lui seront indiqués par l'Autorité compétente. — Les dépenses provenant de ces transports et de la nourriture du bétail, seront remboursés à M. BARTHELEMY sur des états qui, comme les factures d'achats, seront visés par les Autorités locales. — Tous les autres frais, notamment ceux de conduite et de garde, restent au compte de M. BARTHELEMY.

Art. 7. — En vue d'aider à l'éxécution du décret du 22 octobre 1870, concernant l'évacuation des approvisionnements dans les départements menacés, et de faciliter l'accomplissement de sa mission, M. BARTHELEMY se mettra en relation avec les comités militaires chargés de l'éxécution du décret précité; il pourra se rendre acquéreur du bétail et des denrées comprises dans les ordres qu'il recevra du Délégué du Ministre de l'Agriculture et du Commerce, dans les conditions d'estimation et d'expertise indiquées par l'article 3 du décret précité.

Art. 8. — M. BARTHELEMY est autorisé pour l'exécution de sa mission de s'adjoindre des suppléants; il devra donner à ses agents une commission qui sera visée et approuvée par les Préfets des départements où elle sera donnée.

Art. 10. — M. BARTHELEMY est autorisé pour lui et ses agents à se servir du télégraphe pour ses opérations pendant toute la durée du marché.

Pour extrait certifié conforme :

Saint-Lo, le 8 novembre 1870.
Le Préfet de la Manche,
Émile LENOËL

189. — Imprimerie d'Elie fils, à Saint-Lo.

Préfecture de Seine-et-Marne.

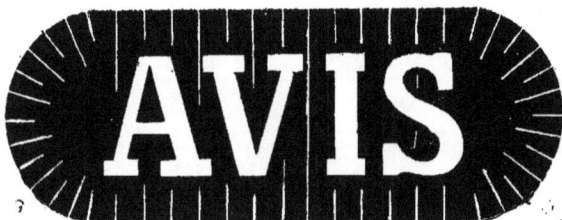

AVIS

Les jeunes gens qui auraient reçu l'ordre de se rendre à n'importe quel endroit du département, pour s'y faire enrôler, sont avertis que :

La conscription ayant été abolie dans les territoires français occupés par les troupes allemandes, non-seulement cet ordre n'a aucun effet, mais qu'en y obtempérant ils seraient punis d'une amende de 50 francs, laquelle, s'ils éludaient la vigilance des autorités, retomberaient sur leurs familles, tuteurs, ou la commune qui n'aurait pas empêché leur départ.

Melun, le 22 novembre 1870.

Le Préfet,
Cte DE FURSTENSTEIN.

Melun — Imp. H. Michelin.

Par le Conseil de guerre, le jardinier DENIS de Chatou est condamné à MORT parce qu'il s'est armé d'une faux, et qu'il a attaqué une patrouille allemande.

Sannois, le 22 novembre 1870.

Le Général de la 8e Division.

Argenteuil. — Imprimerie P. WORMS.

VILLE D'ARGENTEUIL

ORDRE MILITAIRE

Les **Habitants** sont de nouveau prévenus qu'il leur est expressément défendu de circuler après neuf heures du soir et avant six heures du matin.

Les individus arrêtés sur le bord de la **Seine** et ceux trouvés munis d'armes à feu ou autres seront immédiatement fusillés.

A l'avenir les cultivateurs devront s'abstenir d'allumer aucune espèce de feu dans les champs.

En outre, les personnes domiciliées sur le Quai de Seine ne pourront, la nuit, avoir de la lumière dans les pièces qui ont vue sur le Quai.

Argenteuil, le 26 novembre 1870.

Argenteuil. — Imprimerie P. WORMS.

RÉPUBLIQUE FRANÇAISE.

PRÉFECTURE DU NORD.

LILLE, le 28 novembre 1870.

Nous apprenons à l'instant que la retraite de la portion du 22me corps d'armée, engagée ces jours derniers devant Amiens, s'est effectuée aujourd'hui dans le plus grand ordre et sans être inquiétée par l'ennemi.

Nous espérons pouvoir donner demain de plus amples détails. Le moral des troupes est excellent.

Pour le Commissaire de la Défense nationale :

Le Préfet du Nord,
Pierre LEGRAND.

CIRCULAIRE DE TOURS, 28 novembre, 3 heures 10 du soir.
Le Ministre de l'Intérieur à MM. les Préfets et Sous-Préfets, et à MM. les Généraux de Divisions et Subdivisions.

Dans le Perche, l'ennemi semble avoir fait un mouvement analogue au nôtre. Obligé d'évacuer quelques positions extrêmes à sa droite pour masser ses forces. Du reste, dans l'attente d'un engagement *important.*

MÉZIÈRES, 28 novembre.
Le Préfet à M. le Commissaire-Général, à Lille.

Hier a eu lieu à Rimogne un engagement : Quatre uhlans tués, trois blessés. Pas de pertes du côté des nôtres. Rien de nouveau ici.

Pour copie conforme :
Le Préfet du Nord,
Pierre LEGRAND.

Du Nord. — Lille, imp. L. Danel.

PROCLAMATION

Aux Habitants du Pas-de-Calais,
Aux Gardes nationales,
Et à l'Armée.

Victorieuse dans plusieurs combats livrés autour d'Amiens le 26, notamment à Gentelles, Boves et Villers-Bretonneux, l'armée du Nord a dû céder le 27, après une lutte acharnée, devant des forces quadruples. — Elle a opéré sa retraite en bon ordre sur Doullens et Arras, abandonnant ainsi à l'ennemi les positions et la ville d'Amiens qu'elle ne pouvait plus défendre, malgré son énergie et sa ténacité.

Habitants du Pas-de-Calais!

Rien n'est encore désespéré, mais notre beau département est menacé; levez-vous donc tous en masse, pour protéger et défendre vos foyers. Le salut est aujourd'hui plus que jamais dans vos mains et dans celles de l'armée; vos places fortes se défendront jusqu'à la dernière extrémité.

Debout donc pour un effort immense! Montrez à la France républicaine que nos revers n'ont point amolli vos courages! Aidez-moi à chasser l'étranger!

Arras, le 29 Novembre 1870.

Le Général commandant supérieur du département du Pas-de-Calais, en état de guerre,

DE CHARGÈRE.

Arras. — Typ. de A. COURTIN, place de Wetz-d'Amain.

RÉPUBLIQUE FRANÇAISE

Préfecture du Pas-de-Calais.

DÉFENSE DE LA PLACE D'ARRAS.
Construction d'Ouvrages de Fortifications de Campagne.
APPEL AU PATRIOTISME
DE LA GARDE NATIONALE SÉDENTAIRE.

L'arrivée dans la place d'Arras de pièces de marine à longue portée, sur lesquelles on était loin de compter, a modifié d'une manière sensible les résolutions prises par le Comité de défense pour le cas où l'ennemi tenterait d'investir ou d'assiéger la ville.

A la suite des dernières délibérations du Comité, il a été décidé que des ouvrages de fortifications de campagne, destinés à recevoir du canon, seraient élevés sur cinq points désignés par le Comité et situés :

Le premier en avant de la citadelle, entre Dainville et Achicourt ;

Le 2e au Moulin de pierre, près la route de Bucquoy;

Le 3e en avant de Saint-Sauveur;

Le 4e en avant de Sainte-Catherine ;

Le 5e au faubourg Baudimont.

Le service militaire s'est chargé de faire exécuter les ouvrages du Moulin de pierre et de Baudimont. Ceux de Saint-Sauveur

et de Sainte-Catherine seront exécutés par le service des Ponts et Chaussées avec le concours des travailleurs civils volontaires. L'ouvrage entre Dainville et Achicourt est confié aux Agents-Voyers, qui auront également besoin de l'aide des travailleurs volontaires.

Les habitants d'Arras et des communes suburbaines applaudiront à une mesure qui permettra de tenir l'ennemi à distance et qui aura pour effet de nous soustraire aux désastres du bombardement. Ils auront tous à cœur de concourir, dans la mesure de leurs forces, à cette œuvre de salut commun.

A Lille, des milliers de travailleurs volontaires ont répondu à l'appel qui leur a été adressé par l'Administration. Le Préfet du Pas-de-Calais sait que ses concitoyens ne le cèdent à personne en patriotisme, il est donc convaincu que MARDI, à 8 heures du matin, et les jours suivants, les gardes nationaux sédentaires de la ville et de la banlieue se rendront en foule à son appel.

Pour éviter tout encombrement et aussi dans le but de faire concourir les communes et les divers quartiers de la ville aux travaux qui les intéressent le plus directement, il a été arrêté les dispositions suivantes :

Les travailleurs libres devront se grouper ainsi qu'il suit :

1° EN AVANT DE LA CITADELLE, ENTRE DAINVILLE ET ACHICOURT : les gardes nationaux de ces deux communes, ceux des 4e et 6e compagnies du bataillon d'Arras et les sapeurs-pompiers de cette ville;

2° A L'OUVRAGE DU HAUT DE Ste-CATHERINE : les gardes nationaux de Saint-Nicolas et de Sainte-Catherine, ceux de la 3e compagnie du bataillon d'Arras et la batterie d'artillerie sédentaire;

3° A L'OUVRAGE DE St-SAUVEUR : les gardes-nationaux de Saint-Laurent-Blangy et ceux des 1re, 2e, 5e et 7e compagnies du bataillon d'Arras.

Le temps presse! Déjà, du haut de nos murailles, on a entendu la voix du canon qui gronde aux confins de l'arrondissement. Il faut donc se hâter; il faut que tous ceux qui ont à cœur de contribuer à la défense commune soient fidèles au rendez-vous d'honneur qui leur est assigné pour Mardi 29 Novembre, à huit heures du matin.

Que tous se lèvent comme un seul homme pour suppléer par le nombre aux délais qui nous manquent! Que tous ceux qui possèdent un instrument de travail l'apportent avec eux; les autres travailleurs trouveront sur les chantiers le matériel dont l'Administration aura pu se pourvoir. Pas de défections! pas d'excuses! Ceux à qui leur âge, leur santé ou leurs occupations ne permettent pas de manier la pelle ou la pioche, trouveront facilement un remplaçant dans cette partie de la population qui n'est pas la moins patriote, mais qui a le devoir de s'inquiéter du pain quotidien (1).

Ainsi donc, à Mardi !

Le Préfet du Pas-de-Calais,
E. LENGLET.

(1) M. le Commandant de la garde nationale sédentaire a bien voulu se charger de prendre des mesures pour régler, de la manière la plus utile, l'emploi de toutes les bonnes volontés. MM. les gardes nationaux devront donc se faire inscrire dans leurs compagnies respectives, en indiquant les heures qu'ils pourraient plus facilement consacrer aux travaux de défense.
MM. Les Maires des Communes intéressées sont priés d'adopter les mêmes dispositions, s'il y a lieu.

Arras. — Typ. de A. COURTIN, place du Wetz-d'Amain.

SOUS-PRÉFECTURE DU HAVRE

République Française

AUX HABITANTS DE L'ARRONDISSEMENT DU HAVRE

Citoyens,

Les événements qui se précipitent ne laissent plus le temps aux paroles.

L'envahisseur est à nos portes. Des actes seulement, aujourd'hui : des actes virils.

La patrie menacée demande des vengeurs.

Soldat de la Démocratie, je suis appelé par le gouvernement de la défense nationale à un rôle militant, un poste de combat.

Je l'accepte avec empressement, parce qu'il me fournit l'occasion de seconder une généreuse et patriotique population qu'une communauté d'aspirations m'a appris à aimer depuis longtemps, et qui est un exemple.

Je l'accepte, avec le désir de servir utilement mon pays, et l'ambition, une fois cette redoutable crise terminée, les Institutions Républicaines définitivement fondées et ma mission accomplie, d'emporter votre estime et votre sympathie.

En échange d'un dévouement sans bornes, je demande le concours de tous ceux qui sentent battre dans leur poitrine un cœur français, c'est-à-dire de vous tous.

CITOYENS, DEBOUT !

Soyons prêts quand arrivera l'heure des mâles énergies et du sacrifice.

Comme les héroïques défenseurs de Toul, de Laon et de Strasbourg, jurons tous de faire notre devoir et ayons tous une même pensée : vaincre ou mourir sous le drapeau de la République, comme de dignes Enfants de 92.

VIVE LA FRANCE ! VIVE LA RÉPUBLIQUE !

Le Sous-Préfet,
E. RAMEL.

Havre. — Imprimerie Alphée Brindeau et Comp., rue St-Julien, 16.

PAR ORDRE
du Commandant

Nous, soussigné, Commandant de Pontoise, avons entendu que des dépêches affichées dans la ville, qui publiaient les victoires des armées prussiennes sur le général Bourbaki, sont déchirées.

Nous avertissons tout le monde, et annonçons à la mairie de Pontoise, d'empêcher que ces insultes des proclamations prussiennes ne se répètent plus ; autrement si l'auteur de ces insultes ne peut être indiqué et à être pris en punition, la ville de Pontoise sera punie d'une amende de 5,000 francs.

Pontoise, le 25 janvier 1871.

A la mairie de Pontoise pour publier cet ordre par affiches imprimées ou par le tambour.

V. STRANTZ,
Major et Commandant.

Imprimerie de DUFEY, à Pontoise.

APP.

84

TÉLÉGRAPHIE

PRIVÉE

Service spécial du Moniteur du Calvados

Bordeaux, 2 février, 5 heures 50 soir.

Les journaux la *Liberté*, la *Patrie*, le *Français*, la *France*, le *Constitutionnel*, l'*Union*, l'*Univers*, la *Gazette de France*, le *Courrier de la Gironde*, le *Journal de Bordeaux*, la *Guienne*, la *Province* publient une protestation contre le décret de la Délégation de Bordeaux, du 31 janvier, relatif aux incompatibilités électorales.

Ils disent : qu'avant de livrer cette protestation à la publicité, ils ont cru devoir envoyer trois délégués auprès de M. Jules Simon, pour lui demander s'il n'existait pas un décret sur les élections fait par le Gouvernement de Paris et publié dans le *Journal Officiel*.

M. Jules Simon a répondu que le décret existait, qu'il avait été signé le 28 janvier et adopté, à l'unanimité, par les membres du Gouvernement de Paris, enfin que toutes les incompatibilités s'y trouvent supprimées, sauf l'inéligibilité des Préfets dans les départements qu'ils administrent.

Les élections à Paris ont été fixées au 5 février, et dans les départements au 8 février.

La réunion de l'Assemblée doit avoir lieu le 12 *février*.

Le *Journal Officiel* renfermant le décret a été envoyé *dans tous les départements* par ordre du Gouvernement de Paris.

M. Jules Simon a reçu un sauf-conduit le 31 janvier, il est parti le jour même à 8 heures du matin. Dès son arrivée à Bordeaux, M. Jules Simon a provoqué une réunion des membres de la Délégation pour exposer les faits. La délibération a été longue.

Ce soir, à 4 heures, le Conseil se réunit de nouveau.

M. Jules Simon a déclaré aux délégués de la presse *qu'il persistait dans l'exécution du décret de Paris*.

En présence de ces assurances, que M. Jules Simon autorise à rendre publiques, les représentants de la presse soussignés n'ont qu'à attendre l'exécution du décret de Paris.

Suivent les signatures.

Cherbourg. — Imp. Ch. Feuardent.

BEKANNTMACHUNG.

Nachdem in der Nacht vom 6ten zum 7ten d. Mts. auf ein in Belval eingeruecktes Requisitions-Commando von den benachbarten Bergen herab mehrfach geschossen worden, ist der Pfarrer Carl Miroy, 42 Jahre alt, aus Cuchery, zu dessen Parochie auch Belval gehoert, welcher Waffen aufbewahrt und an die Einwohner vertheilt hat, als die Triebfeder dieser Feindseligkeiten verhaftet, und heute frueh hierselbst in Folge kriegsgerichtlichen Spruches wegen verraetherischer Handlungen gegen deutsche Truppen erschossen worden.

Reims, le 12 Février 1871.

PUBLICATION.

Dans la nuit du 6 au 7 courant, on a tiré des montagnes environnantes à plusieurs reprises des coups de fusil contre des troupes de réquisition entrées à Belval. Charles Miroy, curé de Cuchery, âgé de 42 ans, à la paroisse duquel appartient Belval, et qui avait caché et distribué aux habitants des armes, a été arrêté comme instigateur de ces actes hostiles, et en vertu d'un arrêt du conseil de guerre, fusillé aujourd'hui matin à Reims, pour crime de trahison envers des troupes allemandes.

Le Gouverneur Général,

DE ROSENBERG-GRUSZCZYNSKI,

Lieutenant Général.

RÉPUBLIQUE FRANÇAISE

PRÉFECTURE DU PAS-DE-CALAIS.

ARMES ET MUNITIONS

DÉPOSÉES OU ABANDONNÉES DANS LES COMMUNES

RÉINTÉGRATION DANS LES ARSENAUX.

LE PRÉFET DU PAS-DE-CALAIS,

Vu la dépêche de M. le Général Commandant la 2e Subdivision de la 3e Division militaire, en date du 10 Mars 1871 :

ARRÊTE :

ART. 1er. — Il est enjoint à tous détenteurs d'armes et munitions déposées dans les communes ou abandonnées par des Soldats mobiles ou mobilisés, de les réintégrer à l'arsenal le plus voisin de leur résidence, dans les *quarante-huit heures* de la publication du présent arrêté. — Les contrevenants seront poursuivis conformément aux lois.

ART. 2. — MM. les Sous-Préfets, Maires et Agents de la force publique sont chargés d'assurer l'exécution du présent arrêté.

Arras, le 11 Mars 1871.

Le Secrétaire-Général, Préfet par intérim,
E. DE LANNOY.

Arras. — Typ. de A. COURTIN, place du Weiz-d'Amain.

RÉPUBLIQUE

FRANÇAISE

GARDE NATIONALE
DE VERSAILLES

ORDRE DU JOUR DU 12 MARS 1871

Je commence par rendre hommage à nos frères d'armes composant le Bataillon d'honneur, qui se sont si noblement dévoués et ont si vaillamment représenté notre cité en partageant les dangers, les fatigues, les pénibles privations du siège mémorable de notre capitale.

Après une guerre sans exemple, nous reprenons nos armes pour le maintien de l'ordre et de la tranquillité publique ! Dans cette tâche qui nous est réservée, remplissons nos obligations de garde citoyenne avec zèle et fermeté. Que chacun de nous se pénètre de son devoir. N'oublions jamais que l'union fait notre force. Donnons l'exemple du dévouement et de l'observation des lois à ceux qui, plus tard, viendront nous remplacer.

Le Colonel commandant la Légion, Commandeur de la Légion d'honneur,

F. MICHEL.

Versailles. — Imprimerie de E. AUBERT, 6, avenue de Sceaux.

La livraison 127 est la dernière de la première partie de nos *Murailles Politiques* à laquelle font suite tout naturellement les affiches de la période si curieuse de la **COMMUNE** (18 mars à fin mai 1871). Bien que nous ayons mené cette seconde publication simultanément avec la première, et qu'elle soit presque achevée, nous en commençons une nouvelle mise en vente par livraisons (deux par semaine) pour que les souscripteurs par livraisons aux *Murailles Politiques* puissent compléter leur exemplaire. — Les *Murailles de la Commune* feront environ 100 livraisons, — 65 ont paru.

TABLE

DES AFFICHES

DU

18 MARS AU 27 MAI 1871

Anonymes.

Pas de conciliation. La lutte à outrance sans fusils, 441 ; Protestation contre l'incorporation forcée des hommes dans la garde nationale, 469.

Armée régulière. — Volontaires.

Formation d'un bataillon à Arras, 51 ; Volontaires du suffrage universel à Paris, 57, 153 ; Recrutement d'un bataillon de volontaires dans Seine-et-Oise, 150, 151, 175, 192, 209, 470 ; Volontaires de la Côte-d'Or, 178, 268 ; Volontaires à Saint-Etienne, 192 ; Avis de M. A. Bonne, 209 ; Réorganisation de la garde nationale d'Argenteuil, 279 ; Proclamation du chef du 166e bataillon, à Paris, 556.

Clubs.

Club communal du IIIe arrt à l'église St-Nicolas-des-Champs, 145 ; Du comité électoral républicain du Ier arrondissement, 152, 232 ; De la revendication des droits de l'homme et du citoyen, 168 ; Ouverture du club communal à l'église St-Sulpice, 409 ; Du club central de Paris à l'église St-Eustache, 409 ; Réunion publique dans l'église St-Ambroise, 420.

Comités-Associations.

Aux ouvriers tailleurs et scieurs de pierre (la chambre syndicale), 25 ; L'association internationale aux travailleurs, 52, 53 ; Comité démocratique socialiste du Ve arrondissement (réunions), 149 ; Comité de conciliation du Ier arrt, 161 ; Ligue d'union républicaine des droits de Paris, 201, 202, 243, 249, 257, 298, 357, 361, 372 ; Proclamation de la commission d'initiative de la fédération des associations des départements, 212, 213 ; Alliance républicaine des départements, appel, 305 ; Réunion au Cirque national, le 23 avril, de l'Alliance républicaine des départements, 357, 358 ; Avis de la ligue d'Union républicaine, relatif à la suspension d'armes de Neuilly, 348 ; Proclamation des habitants de Paris, proposée par une réunion d'associations, 356 ; Communication des délégués de la Haute-Marne revenant de Versailles, aux habitants de Paris originaires de la province, 396 ; Protestation de la société des ouvriers boulangers, 405 ; A tous les citoyens d'âge de Paris, 417 ; Appel général à tous les ouvriers de la bijouterie, 446 ; Fédération républicaine du département du Rhône, aux citoyens du département résidant à Paris, 448 ; Avis de l'Association des ouvriers tailleurs, 457 ; Aux ouvriers boulangers, 489.

Comité de sûreté générale

EX-PRÉFECTURE DE POLICE.

Arrêté concernant les jeux de hasard, 96 ; Ordonnance concernant la foire aux jambons, 132, 133 ; Vente des cigares et du tabac, 142 ; Avis du chef de la police municipale, 152 ; Tenue de la foire au pain d'épices, 203 ; Arrêté concernant la délivrance des passe-ports, 206 ; Arrêté relatif aux voitures de place, 214 ; Avis concernant l'ouverture des portes, par lesquelles la circulation est autorisée, 293 ; La mendicité est et demeure interdite, 302 ; Arrêté concernant les débitants de boissons, 305 ; Heure de fermeture des cafés, concerts, théâtres, etc., 319 ; Interdiction de la vente et du colportage des combustibles sur la voie publique, 319 ; Interdiction des quêtes, 435 ; Ordonnance concernant la vente de la viande de cheval, 442, 443 ; Avis relatif à la réception des inculpés dans les prisons, 458.

Divers.

Adresse de l'administration et du conseil municipal de Rouen aux membres de l'Assemblée nationale, 22 ; Des Alsaciens-Lorrains au peuple de Paris, 377 ; Amis (des) sincères de leur pays adressent un avis aux Parisiens, 8 ; Des citoyens amis sincères de leur pays à l'Assemblée nationale, 264, 272 ; Assemblée nationale (l') au peuple et à l'armée, 26, 34 ; Avis aux propriétaires dont les immeubles ont été détériorés pendant le siège, 24 ; Avis du maire relatif à l'élection de conseillers municipaux à Beaune, 345 ; Liste du comité démocratique de Beaune, 504 ; Avis du maire de St-Etienne relatif à une convocation illégale de la garde nationale, 323 ; Beslay (Ch.), au citoyen Thiers, chef du pouvoir exécutif de la République française, 340, 341 ; Réponse à mes critiques 388, 389 ; Réponse à la proclamation de M. Thiers, 476, 477 ; M. Chevillotte au peuple de Paris, 100, 101 ; Déclaration de la presse, 14 ; Delaury aux citoyens membres de la Commune, 386 ; Dépêche du préfet du Rhône relative à l'évacuation de l'hôtel de Ville de Lyon par les chefs de la sédition, 96 ; Dépêche du général Crouzat. L'ordre est rétabli à Lyon, 111 ; Femmes (les) de Paris demandent un armistice, 433 ; M. Denis de Rivoire aux gardes mobiles de la 1re Cie du 7e bataillon, 16 ; La garde nationale et les habitants de Versailles à l'armée, 55 ; Groupe (un) de citoyens engage la population à se réunir place de la Bourse, 177 ; Hubert (Frédéric), conciliation sociale, 229, 230 ; Manifeste de la Franc-maçonnerie, 217 ; Rapport de la délégation maçonnique de Paris sur son entrevue avec le chef du pouvoir de la République, 319, 330, 351 ; Manifeste à nos frères du département de l'Oise, 390, 391 ; Not-Langlois, proclamation des habitants de Paris, proposée par une réunion d'associations, 336 ; Grande manifestation pacifique de la liberté, 426 ; Proclamation de la municipalité de Bordeaux, 255 ; Du général Bourras, commandant les gardes nationales du Rhône, 158 ; Du maire de Lyon, 71, 121, 236, 395 ; Du conseil municipal de Toulon, 120 ; De la Commune à Toulouse, 108, 109 ; Composition de la Commission exécutive de la Commune de Toulouse, 115 ; Proclamations du vice-amiral Saisset à ses concitoyens, 46, 62 ; Proposition d'un propriétaire relative au paiement des loyers, 488 ; Pyat (Félix) aux électeurs de Paris, 9 ; Rentrée triomphale à Lyon des mobiles du Rhône, 71 ; Rozycki (Edmond) aux Français, 81 ; Service des lettres de Paris à Versailles, 185 ; Thiers (M.) extrait de ses anciens discours, 401, 449 ; Vente aux enchères publiques du mobilier de la chapelle Bréa, 543.

Elections à la Commune.

Les élections sont fixées au 22 mars, 7 ; au 23 mars, 28, 29 ; Proclamation du comité central, 36, 37 ; Les élections sont remises au 26 mars, 64 ; Nombre de conseillers à élire, 68, 69 ; Avis du cercle républicain du Xe arrt, 72 ; Avis de l'union républicaine du Xe arrt, 72 ; Aux citoyens du XIe arrt, 73 ; Réunion électorale dans le Ve arrt, 80 ; Exposé des principes du comité électoral du XIe arrt, 84, 85 ; Proclamations du comité central, 86, 87 ; MM. Cournet, Delescluze et Razoua à leurs concitoyens, 92, 93 ; Proclamation des délégués au ministère de l'intérieur, 94, 95 ; Elections à la commune du VIe arrt, 97 ; du IXe arrt, 97 ; Le vote aura lieu le dimanche 26 mars, 98 ; Elections municipales. Indication des locaux dans le IIe arrt, 99 ; Lieux de vote dans les quartiers de la Porte-Saint-Martin et de l'hôpital Saint-Louis, 102, 103 ; Assemblée communale. Candidats du comité du VIe arrt, 101 ; Candidats du IIIe arrt, 104 ; Liste des délégués de compagnie du VIe arrt, 105 ; Liste du comité d'initiative du XVIIe arrt, 105 ; Liste du 1er arrt, 107 ; du IIe arrt, 107 ; du IIe arrt, 110 ; du VIIIe arrt, 110 ; Les élections. Dimanche 26 mars, 112 ; Tavernier, candidat de la libre pensée, 112 ; Candidats du club de l'Ecole de médecine, 113 ; VIe arrt, candidats du suffrage universel, 115 ; Seul texte authentique de la convention signée entre les maires, adjoints, représentants de la Seine et MM. Ranvier et Arnold, 114 ; Association des défenseurs de la République, liste, 116 ; Liste des démocrates socialistes du XVIIe arrt, 116 ; Le comité du Ve arrt, 117 ; Déclaration du journal le Bon sens, 117 ; Le comité central aux électeurs, 118 ; Le résultat des élections sera proclamé le 28 mars, 122.

Elections complémentaires.

Avis de la Mairie du IIe arrt, 215 ; Gaillard père, candidat du XXe arrt, 220 ; Marguerittes, candidat du VIIIe arrt, 220 ; Rossel, candidat du VIIIe arrt, 221 ; Nombre de membres de la Commune à élire le 16 avril, 225 ; Cluseret et Arnold, candidats du XVIIIe arrt, 228 ; Goulier, candidat du IIIe arrt, 252 ; Courbet et Rogeard, candidats du VIe arrt, 233 ; Viard, candidat du IIIe arrt, 233 ; Convocation des électeurs du VIIe arrt, 241 ; Les élections sont ajournées, 243 ; Les élections sont fixées au 16 avril, 269 ; Avis des membres de la Commune du IIIe arrt, 274 ; Cluseret et Dupas, candidats du XVIIIe arrt, 275 ; A. May, candidat du IIIe arrt, 275 ; Réunions électorales dans le XVIIIe arrt, 276 ; Candidats proposés dans le Ier arrt, 276 ; Profession de foi de Landeck, 277 ; Profession de foi de L.-P. Tavernier, 277 ; Convocation des citoyens du VIe arrt, 279 ; L'alliance républicaine au peuple de Paris, 280 ; Profession de foi de C. Chabert, 281 ; Avis du membre de la Commune du VIIe arrt, 285 ; Profession de foi de E. Lebeau, 289.

Garde nationale fédérée.

Avis concernant les patrouilles et la solde de la garde nationale, 17 ; Proclamation du général Ganier aux officiers et gardes nationaux du XVIIIe arrt, 24 ; Avis du maire du VIIIe arrt au 260e bataillon, relativement à l'armement, 47 ; Avis relatif à la détention de plusieurs armes, 47 ; Incorporation des soldats dans la garde nationale, 48 ; Avis du maire du VIIIe arrt, 80 ; Formation des Vengeurs de Paris, 89 ; Ordre du conseil de légion du IIIe arrt, 130 ; Ordre du jour du conseil de la 5e légion, 137 ; Suppression des fonctions d'officiers payeurs, 140 ; Avis concernant l'élection des chefs de bataillon, 144 ; Elections des chefs de la 8e légion, 149 ; Réorganisation du 137e bataillon, 165 ; Réorganisation des compagnies de marche, 170 ; Aux gardes nationaux et mobilisés licenciés du Ier arrt, 171 ; Réorganisation du 12e bataillon dans le Ier arrt, 190 ; Proclamation du général Dombrowski relative à la réorganisation des bataillons du XIe arrt, 198 ; Chasseurs fédérés, 203 ; Avis du conseil de légion du Xe arrt, 204 ; Avis du général commandant la IIe légion, 210 ; Avis aux gardes de la IIe légion, 210 ; La délégation du 1er arrt aux réfractaires, 214 ; Le service est volontaire de 17 à 19 ans, il est obligatoire de 19 à 40 ans, 222 ; Proclamation du commandant du 149e bataillon, 224 ; Elections des officiers de la 2e légion, 226 ; Elections des officiers de la 3e légion, 227 ; Ordre du général Cluseret, 231 ; Ordre de la délégation du 1er arrt, 234 ; Appel aux citoyens qui ont servi dans l'artillerie, 234 ; Formation des cercles de bataillon, 238 ; Formation de l'artillerie, des compagnies de guerre et des vétérans dans le VIII° arr¹, 239; Proclamation des membres de la Commune du XII° arr¹, 239; Le chef de la 6° légion aux gardes des 193° et 85° bataillons, 240; Ordre de la commission du XIX° arr¹, 242; La solde des artilleurs est portée à 3 fr., 244; Avis de la délégation du 1ᵉʳ arr¹, 244; Avis aux anciens vétérans du XI° arr¹, 246; Le délégué de la guerre aux gardes nationaux, 247; Le chef de la 9° légion aux gardes des 6° et 253° bataillons, 247; Reconstitution des cadres du 149° bataillon, 255; Institution des conseils de guerre, 256; Les 1ᵉʳ, 5°, 12°, 13°, 14°, 111°, 171° bataillons sont dissous et seront réorganisés, 258; La commission d'enquête pour les veuves et orphelins est constituée dans le X° arr¹, 262; Ordre du jour du commandant de la 6° légion, 265; Dernier avis de la délégation du 1ᵉʳ arr¹ aux réfractaires, 282; Ordre concernant les gardes nationaux à cheval, 283; Avis du président de la commission d'enquête du IV° arr¹, 291; La commission d'enquête du XI° arr¹ aux familles et aux délégués de compagnie, 296; Solde des troupes du génie, 308; Inscription du 271° bataillon, 309; Formation d'un nouveau bataillon dans le XI° arr¹, 312; Avis du chirurgien-major principal de la 6° légion, 321; Organisation des batteries d'artillerie de marche, 352; Appel aux citoyens aptes à faire partie du train des équipages, 351; Organisation de la garde nationale, rapport de la commission de la guerre, 354, 355; Création des bureaux militaires, 355; Réorganisation du service médical dans les bataillons du XI° arr¹, 362, 375; Suppression de l'intendance générale, 366; Les officiers devront être munis d'une commission délivrée par le chef de légion, 366; Répartition des forces destinées à la défense, 367; Avis relatif aux officiers destitués qui conservent leur équipement, 368; Les chefs de légion devront fournir chaque jour une situation concernant l'effectif, l'armement, etc., 368; Enrôlements de francs-tireurs, 369; Les bataillons du II° arr¹ sont appelés à l'activité, 369; Appel aux médecins et étudiants en médecine du IV° arr¹, 375, 380; Enrôlement pour la cavalerie, 380; Création de neuf compagnies de sapeurs du génie, 381; Avis des membres de la Commune du XII° arr¹ aux réfractaires, 384; Formation des zouaves de la République. Appel aux hommes de cœur, 384; Avis relatif aux insignes portés par les membres du service médical, 392; Organisation du service médical, 393; Ordre aux batteries d'artillerie, 394; Ordre aux officiers d'état-major, 395; Orphelinats de la garde nationale, 397; Formation des cercles de bataillon dans le XVII° arr¹, 399; Circulaire relative à la délivrance des munitions et pièces, 403; La commission de la guerre signale un odieux abus, 406; Formation des francs-tireurs de marche dans le VI° arr¹, 407; Ordre du chef de la 10° légion, relatif aux réfractaires, 411; Situation des légions, rapport du 2 au 3 mai, 412, 413; Formation d'une légion fédérale belge, 416; Ordre relatif aux examens pour les grades d'officiers d'état-major, 421; Dernier avis aux réfractaires du X° arr¹, 422; Ordre du directeur général de l'artillerie, 425, Inscription des ouvriers de l'imprimerie nationale dont le service aux ateliers n'est pas indispensable, 425, 469; Avis du chef de la X° légion relativement aux quêtes faites dans les rues par la garde nationale, 428; Les exemptions du service de la garde nationale délivrées aux employés et agents du chemins de fer sont annulées, 430; Les officiers ou

gardes du X° arr¹ sont tenus de porter un numéro au képi, 431; Les employés de la compagnie du gaz sont exemptés de tout service, 433; Les membres de la Commune du XI° arr¹ aux bataillons de la 11° légion, 436, 437; Formation d'un bataillon de carabiniers volontaires dans le X° arr¹, 448; Appel aux hommes libres pour la formation du 272° bataillon de marche, 457; Avis du sous-chef de la 8° légion, 470; Ordre aux officiers, 471; 18° légion, Le citoyen Jaclard donne sa démission, 472; Avis du conseil de légion du IV° arr¹, 475; Avis du comité de vigilance du VIII° arr¹, 482; Rapport du commandant du 22° bataillon aux membres de la Commune du IV° arr¹, 483; Le 128° bataillon a bien mérité de la République et de la Commune, 487; Ordre du directeur général du service médical, 487; Appel aux hommes de tous les pays libres pour la formation du 12° bataillon de marche de la 3° légion, 489; Proclamation du comité de vigilance du VIII° arr¹, 490; Une revue d'effectif de l'artillerie sera passée le 13 mai, 491; Formation du 1ᵉʳ bataillon des francs-tireurs, éclaireurs de Montrouge, 496; Formation du corps des Lascars, 496; Appel aux prolétaires, formation d'un bataillon des francs-tireurs de la Révolution, 498; Enrôlements pour le corps des enfants de Paris, 499; Ordre à la légion de cavalerie de la garde nationale, 501; La délégation communale aux bataillons du II° arr¹, 502; Formation d'une compagnie de citoyennes volontaires dans le XII° arr¹, 505; Le colonel Henri est nommé chef d'état-major au ministère de la guerre, 508; Formation d'équipes de fuséens, 513; Les gardes nationaux du IV° arr¹ sont tenus de porter sur le képi le numéro du bataillon auquel ils appartiennent, 516; Restitution des armes dans le VIII° arr¹, 516; Ordre formel aux réfractaires du VIII° arr¹, 517; Ordre du chef de la 2° légion, 525; Avis de la direction du génie, 526; Avis du contrôleur général des chemins de fer relatif aux exemptions, 526; Formation du 1ᵉʳ bataillon des éclaireurs du général Eudes, 528; Formation des vengeurs de Paris, 529; Enrôlement des tirailleurs de la Commune, 529; Bataillon des éclaireurs fédérés, 531; Zouaves de la République, 542; Proclamation du chef de la 10° légion relative à l'explosion de la cartoucherie Rapp, 547; Ordre du chef de la 5° légion aux réfractaires, 548.

Gouvernement de Versailles.

CIRCULAIRES, DÉPÊCHES, RAPPORTS MILITAIRES.

Proclamation aux habitants de Paris, 3; Proclamation aux gardes nationaux, 4; Le ministre de l'intérieur à la garde nationale, 4; Ordre du jour du général d'Aurelle de Paladines, 5; Dépêche télégraphique relative à la réunion du gouvernement à Versailles, 10, 11; Circulaire du 20 mars, 15; du 21 mars, 26, 32; du 22 mars, 35; du 23 mars, 51, 59, 61; du 25 mars, 82; Dépêches télégraphiques de M. de Kératry, du procureur général de Lyon et du préfet de Saône-et-Loire, 119; Discours prononcé par M. Thiers le 27 mars, 126; Dépêche télégraphique du 28 mars, 131; du 2 avril, 157; du 3 avril, 166; du 4 avril, 172; du 5 avril, 184, 188; du 7 avril, 206; du 10 avril, 246; du 11 avril, 250; du 12 avril, 259; du 14 avril, 284; Publication de la loi municipale délibérée à Versailles le 14 avril, 286, 287; Dépêche télégraphique du 16 avril, 295; du

17 avril, 300; du 18 avril, 309; du 19 avril, 322; du 24 avril, 342; du 26 avril, 332; du 27 avril, 359; du 28 avril, 574; du 30 avril, 592; du 2 mai, 400; du 4 mai, 410; du 6 mai, 454; du 7 mai, 444, 445; du 9 mai, 453; du 13 mai, 493; du 14 mai, 500; Loi déclarant inaliénables les propriétés publiques ou privées saisies ou soustraites à Paris depuis le 18 mars 1871, 514, 515; Explosion de la poudrière du Trocadéro, 517; Dépêche télégraphique du 20 mai, 550; du 21 mai, 552; Le corps d'armée du général Douay entre dans Paris, 553; Dépêches télégraphiques du 23 mai, 566; du 25 mai, 572; Avis de la préfecture de police relatif aux laissez-passer, 574; Dépêche télégraphique du 5 mai, 574; du 28 mai, 581, 584.

Intervention des Députés, des Maires et des Adjoints de Paris.

Avis du maire du VIII⁰ arr¹ : la garde nationale est convoquée, 5; Organisation d'un service de protection et de surveillance dans le II⁰ arr¹, 16; Proclamation des députés de Paris, des maires et des adjoints aux habitants, 20; L'adjoint au maire du V⁰ arr¹ réclame contre l'omission qui a été faite de la municipalité dans l'affiche ci-dessus, 19; Protestation de la municipalité du IX⁰ arr¹ contre l'envahissement de la mairie, 23; Les députés et les maires font savoir que l'urgence du projet de loi relatif aux élections du conseil municipal de Paris a été votée par l'Assemblée, 27; Organisation d'un service de protection et de surveillance dans le XVI⁰ arr¹, 31; Idem dans le 3⁰ arr¹, 41, 42; Tout acte municipal est suspendu dans le XVII⁰ arr¹, 31; Protestation de la municipalité du XVIII⁰ arr¹ contre l'envahissement de la mairie, 38; Proclamation des représentants de la Seine, 39; L'assemblée des maires et adjoints nomme : 1⁰ l'amiral Saisset, commandant supérieur de la garde nationale; 2⁰ le colonel Langlois, chef d'état-major général; 3⁰ le colonel Schœlcher, commandant en chef de l'artillerie, 43; Proclamation des maires et adjoints et des députés à la garde nationale et à tous les citoyens, 44, 45; Proclamation de la municipalité du 1ᵉʳ arr¹, 54, 55, 56; M. Léo Meillet déclare qu'il n'a pas signé l'affiche qui appelle l'amiral Saisset au commandement de la garde nationale, 58; Solde de la garde nationale, 65; Procès-verbal dressé à la mairie du VII⁰ arr¹. Protestation, 79; M. Murat donne sa démission d'adjoint au maire du X⁰ arr¹, 83; Proposition de M. Louis Blanc à l'Assemblée nationale, 88; Déclaration de M. Tirard, 90; Proclamation des députés de la Seine, 91; MM. Cournet, Delescluze et Razoua à leurs concitoyens, 92, 93; Seul texte authentique de la convention signée entre les maires, adjoints, représentants de la Seine et MM. Ranvier et Arnold, 114.

Mairies de Paris sous la Commune.

Avis relatif aux teneurs de jeux dans le XIV⁰ arr¹, 40; Avis du maire du VIII⁰ arr¹, 47; Proclamation de la commission provisoire du IV⁰ arr¹, 63; Proclamation de la commission provisoire du XII⁰ arr¹, 67; Proclamation du maire provisoire du V⁰ arr¹, 73, Avis du maire du VIII⁰ arr¹, 80; Avis concernant les déprédations commises dans le XIV⁰ arr¹, 85; Vente de denrées dans le VIII⁰ arr¹, 122; MM. Desmaret, Ferry et Nast élus membres de la Commune déclarent ne pas accepter, 125; Proclamation du maire provisoire du V⁰ arr¹, 128; Distribution de secours dans le V⁰ arr¹, 150; Proclamation de la commission provisoire du IV⁰ arr¹, 138; Nomination des membres de la commission municipale dans le XII⁰ arr¹, 160; Idem du 1ᵉʳ arr¹, 167; L'administrateur du IX⁰ arr¹ aux locataires, 174; La commission du XI⁰ arr¹ aux gardes nationaux, 187; Avis de la délégation du 1ᵉʳ arr¹, 190; Avis de la commission du XX⁰ arr¹ aux boulangers, 207; Cantines municipales du VIII⁰ arr¹, 208; La délégation du 1ᵉʳ arr¹ aux réfractaires, 214; La délégation du 1ᵉʳ arr¹ aux boulangers, 221; La délégation du X⁰ arr¹ établit un bureau de secours pour les veuves et les orphelins, 222; Appel aux bons citoyens du XVIII⁰ arr¹, 225; La délégation du 1ᵉʳ arr¹ aux citoyens, 273; Service de la voirie dans le VI⁰ arr¹, 273; Assistance communale dans le III⁰ arr¹, 292; Les enfants des gardes nationaux, veufs, du XI⁰ arr¹ seront admis dans des écoles spéciales, 296; Demande de secours pour les blessés du XI⁰ arr¹, 304; Dépôt à la mairie du X⁰ arr¹ des armes doubles, 317; Création d'une école spéciale dans le X⁰ arr¹, 325; Création d'écoles laïques dans le III⁰ arr¹, 327; Appel aux instituteurs laïques dans le XII⁰ arr¹, 335; Formation dans le XII⁰ arr¹ d'un comité de républicains chargé de rechercher les misères cachées, 355; Election d'une commission d'enquête dans III⁰ arr¹, 359; Résultat de cette élection, 358; La commission du XVIII⁰ arr¹ aux maîtres d'hôtels et logeurs en garni, 343; Suppression des bons de pain dans le III⁰ arr¹, 344; Ecoles communales. Avis du maire du VIII⁰ arr¹ aux parents, aux amis de l'enseignement aux enfants, 370, 371; Fournitures gratuites aux élèves des écoles communales du III⁰ arr¹, 378; Avis de la commission du XI⁰ arr¹ aux locataires demeurant en hôtel meublé, 378; Proclamation des membres de la commune du XVII⁰ arr¹ aux habitants, 382, 385; réouverture de l'école de la rue d'Armaillé dans le XVII⁰ arr¹, 402; Arrêté de la commission du IV⁰ arr¹ relatif aux logements vacants, 405; Ouverture de magasins dans le 1ᵉʳ arr¹, 408; Recensement dans le 1ᵉʳ arr¹, 408; Dans le X⁰ arr¹, 414; Réorganisation des bureaux de bienfaisance dans le II⁰ arr¹, 414; Ouverture d'une boucherie communale dans le 1ᵉʳ arr¹, 418; Souscription en faveur des victimes des défenses communales dans le III⁰ arr¹. 422; Avis des membres de la commune du X⁰ arr¹, 427; Vente de pommes de terre dans le V⁰ arr¹, 427; Avis relatif aux subsistances dans le 1ᵉʳ arr¹, 441; Service des cartes de pain et des fourneaux du III⁰ arr¹, 447; Proclamation des délégués de la Commune aux citoyens du IX⁰ arr¹, 447; Magasins communaux dans le 1ᵉʳ arr¹, 452; Ouverture d'un bureau de placement pour les ouvriers boulangers dans le III⁰ arr¹, 454; Avis de la commission des secours et pensions aux victimes de la guerre dans le III⁰ arr¹, 458; Consultations gratuites du dʳ Malterre dans le XI⁰ arr¹, 462; Nomination des membres du bureau militaire de la XI⁰ Légion, 462; La municipalité du XVIII⁰ arr¹ est informée qu'il est faux que le drapeau tricolore flotte sur le fort d'Issy, 463; Arrestation des femmes de mœurs suspectes et des ivrognes dans le XI⁰ arr¹, 465; Avis aux locataires demeurant en hôtel meublé dans le XI⁰ arr¹, 465; Déclaration des locaux vacants dans le III⁰ arr¹, 466; Suppression du bu-

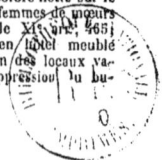

reau de bienfaisance et des maisons religieuses de secours dans le IIIᵉ arrᵗ, 467; Ouverture d'une boucherie municipale dans le XVIIᵉ arrᵗ, 473; Vente de pommes de terre dans le Vᵉ arᵗ, 495; Avis aux locataires demeurant en hôtel meublé dans le Xᵉ arrᵗ, 499; Avis aux citoyens qui désireraient être employés comme recenseurs dans le VIIIᵉ arrᵗ, 500; Proclamation des membres de la commune du XXᵉ arrᵗ, 504; Avis du conseil de vigilance du VIIIᵉ arrᵗ relatif au recensement, 504; Souscriptions recueillies dans le IIIᵉ arrᵗ, au profit des victimes de la défense des libertés communales, 509; Ouverture d'asiles et d'écoles professionnelles dans le Xᵉ arrᵗ, 510; avis du conseil de révision du Xᵉ arrᵗ, 511; Déclaration des logements vacants dans le VIᵉ arrᵗ, 518; Création d'ambulances municipales dans le IXᵉ arrᵗ, 519; Création de la maison des orphelins du IIIᵉ arrᵗ, 520; Convocation des électeurs du Vᵉ arrᵗ, 521; Voirie urbaine du XIᵉ arrᵗ, 521; Indemnité aux femmes des gardes nationaux du IIIᵉ arrᵗ, 524; Service médical dans le IIIᵉ arrᵗ, 525; Avis de la commune du Iᵉʳ arrondissement relatif aux réquisitions, 528; Vente de lait condensé dans le Xᵉ arrᵗ, 552; Réquisition des logements abandonnés dans le XVIIIᵉ arrᵗ, 553; Rapport de la commission d'enquête du IIIᵉ arrᵗ pour les pensions aux victimes des libertés communales, 540, 541; Arrestation des femmes de mœurs suspectes et des ivrognes dans le IVᵉ arrᵗ, 546; Vente au magasin communal du IIIᵉ arrᵗ, 557; Grand concert du 25 mai donné par le 119ᵉ bataillon, sous la présidence du citoyen Régère, 565; Proclamation de la délégation communale du IIᵉ arrᵗ, 573;

Rentrée des maires à Paris.

Proclamation du maire du VIIIᵉ arrᵗ en reprenant possession de la mairie, 569; De M. Denormandie au nom du maire du VIIIᵉ arrᵗ, 573; Du maire du XIVᵉ arrᵗ, 579; Du maire du VIᵉ arrᵗ, 580, Du IIᵉ arrᵗ, 582; Avis du maire du XIIᵉ arrᵗ relatif aux corps recueillis sur la voie publique, 583; Proclamation du maire du IXᵉ arrᵗ, 583; M. le commandant Thierce est délégué à la mairie du XIIIᵉ arrᵗ, 585; Destruction des barricades dans le Iᵉʳ arrᵗ, 585;

Occupation Allemande.

Avis du commandant de Wedell aux habitants de Dijon, 19; 2 avis du général-major Von Ruville aux officiers français, 106; M. de Brauchitsch est nommé commissaire civil pour les départements occupés par les troupes de la 5ᵉ armée, 198; Le baron de Medem ordonne aux étrangers et réfugiés de quitter la ville de St-Denis, 326; L'entrée de la ville de St-Denis est interdite aux personnes ne pouvant établir leur identité, 533; Avis du prince Albert, duc de Saxe, relatif à la circulation de la monnaie allemande, 375; Vente du tabac à St-Denis, 450; Concert fashionable à Argenteuil, 550; Représentation théâtrale à St-Denis, 559;

Proclamations des préfets.

Proclamation du préfet de la Gironde, 19; Idem du préfet de la Loire, 11; Idem du préfet du Calvados, 49; Idem du préfet de Seine-et-Oise, 50; Idem du préfet d'Arras, 51; Idem du préfet de la Loire (M. de l'Espée, 74; Idem du préfet de Seine-et-Marne, 127; Idem du préfet de la Loire, 144; Idem du préfet de la Côte-d'Or, 179, 269; Idem de la Gironde, 271; Idem du sous-préfet de Beaune, 379; Idem du préfet de Seine-et-Oise, 517.

Publications diverses.

La Sociale, 129; Le Vengeur, 129; Papiers du gouvernement du 4 septembre, 169; Le Trait d'Union, 193; La Commune, 225; Le devoir devant la patrie naufragée, 249; La Nation souveraine, 315; Liste officielle des gardes blessés dans les combats, 521; Les révélations d'un curé démissionnaire, 560; Moyen de payer les cinq milliards des Prussiens, 405; L'Union française, journal de la République fédérale, 451; La Justice, 481; La Rouge, journal des jeunes, 481.

Rentrée de l'armée à Paris.

Proclamation du colonel Corbin aux gardes nationales de la Seine, 564; Avis du commandant supérieur du VIᵉ arrᵗ, 575; Proclamation du chef du 8ᵉ bataillon, 577; Proclamation du lieutenant-colonel Perrier aux habitants de Montmartre, 578; Proclamation du maréchal de Mac-Mahon aux habitants de Paris, 586.

Union des Femmes.

Comité de l'Union des femmes du XXᵉ arrᵗ, 258; Avis du comité central provisoire de l'Union des femmes, 505; Comité de l'Union des femmes du Iᵉʳ arrᵗ, 418, 446; Les femmes de Paris demandant un armistice, 435; Manifeste du comité central de l'Union des femmes, 440; Avis du comité du XIᵉ arrᵗ, 508; Appel aux ouvrières, 522; Avis aux citoyennes désireuses de s'enrôler dans le service des ambulances, 545; Avis du comité de l'Union des femmes du IVᵉ arrᵗ, 546.

Comité central

FÉDÉRATION RÉPUBLICAINE DE LA GARDE NATIONALE

COMMUNE DE PARIS

Proclamations officielles.

Proclamation au peuple, 6; Aux gardes nationaux, 6; Les élections du conseil communal sont fixées au 22 mars, 7; Disposition des barricades, 8; Proclamation, 12, 13; Avis du Cⁿ Combatz. La télégraphie privée est supprimée à Paris, 18; Les élections sont fixées au 23 mars, 28, 29; Destruction des barricades, 30; Le comité central au peuple à propos des élections, 36, 37; Avis relatif aux salves tirées le 22 mars par les Allemands, 40; Proclamation de la commune à Lyon, 60; Les élections sont remises au 26 mars, 64; Le délégué du comité central aux affaires extérieures fait connaître une dépêche du major-général Von Schlotheim et la réponse qui y a été faite, 65; Ministère des finances. Perception des octrois, 66; Avis relatif aux élections. Nombre de conseillers à élire, 68,

69 ; Nouvelles des départements, 70; Le comité central remet les pouvoirs militaires de Paris aux généraux Brunel, Eudes et Duval, 75; Proclamation des généraux Brunel, Eudes et Duval, 75; Le comité central à ses adversaires, 76, 77; Le comité aux citoyens et aux gardes nationaux, 78; Avis relatif aux gendarmes et sergents de ville vêtus d'uniformes de gardes nationaux, 81; Proclamation relative aux élections à la Commune, 86; Le comité central, les députés de Paris et les maires aux habitants, relativement aux élections, 87; Proclamation des délégués au ministère de l'intérieur, 94 95; Le vote aura lieu le dimanche 26 mars, 98; Lieux de vote dans les quartiers de la Porte-St-Martin et de l'hôpital St-Louis, 102, 103; Les élections dimanche 26. mars, 112; Le comité central aux électeurs, 118; Le résultat des élections sera proclamé le 28 mars, 122; Installation de la Commune, 124, 125; Avis concernant l'affichage, 134; Décret relatif aux employés des divers services publics, 134; Avis de M. Norcott relatif aux semences, 135; La remise est faite aux locataires des termes d'octobre 1870, janvier et avril 1871, 135; La conscription est abolie, 136; La vente des objets déposés au Mont-de-Piété est suspendue, 136; Proclamation de la Commune constituée, 139; Décret relatif aux fonctions des membres de la Commune, 140; Avis du directeur des postes au personnel, 141; Direction générale des postes, Proclamation du directeur, 145; Décret relatif à l'entrée à Paris des approvisionnements, 146; Proclamation des officiers du régiment des sapeurs-pompiers, 147; Commission de travail et d'échange, 148; Les conspirateurs royalistes ont attaqué, 154; Avis aux contribuables, 155; Bergeret est lui-même à Neuilly, 156; Règlement des ateliers de réparations d'armes du Louvre, 159; Avis du directeur des lignes télégraphiques, 162; Avis du directeur des postes, 162; L'Eglise est séparée de l'Etat, 163; MM. Thiers, Favre, Picard, etc., sont mis en accusation, 164; La Commune adopte les familles des citoyens qui succomberont, 164; Rapport militaire du 3 avril, 165; Avis aux inspecteurs et vérificateurs des Halles, 170; Organisation des marins de la Commune, 173, 200; Proclamations au peuple de Paris, 176, 179; du comité central, 180, 181; De la commission exécutive aux départements, 182, 183; Avis du directeur de l'enregistrement et du timbre, 186; Rapport militaire du 5 avril, 186; Avis du délégué au ministère de l'agriculture, 187; Lettre du général Bergeret à la commission exécutive, 189; Rapport du délégué de la guerre, 191; Proclamations du comité central, 194, 195; Avis concernant l'enterrement des gardes nationaux tués les 3, 4 et 5 avril, 196; Avis aux personnes qui ont recueilli des blessés, 196; La réunion annoncée salle de la Bourse est interdite, 197; Proclamation du général Dombrowski aux citoyens du XIe arrt, 198; Création d'un jury d'accusation pour toute personne prévenue de complicité avec le gouvernement de Versailles, 199; Avis de la commission exécutive, 200; Création des chasseurs fédérés, 203; L'infanterie de ligne à la population de Paris, 204; Avis aux personnes qui désirent être employées dans le service des fortifications, 205; Avis du directeur des douanes, 205; Avis relatif aux chevaux, 211; La Commune publie un extrait du journal Officiel de Versailles, 211; Nouvelles des départements, 216; proclamation du

général Cluseret, 218; Fabrication des projectiles, 219, Avis aux artificiers, 219, Nombre de membres de la Commune à élire le 10 avril, 225; Le citoyen Dombrowski est nommé commandant de la place de Paris, 228; Ordre du général Cluseret, 231; Funérailles du Cn L.-J. Bourgoin, 236; Funérailles des victimes de Châtillon, Courbevoie et Neuilly. Avis de la municipalité du IVe arrt, 237; Institution de la commission des barricades, 242; Les élections sont ajournées, 243; Avis aux citoyens médecins, 243; Avis du service médical, 248; Décret concernant les pensions accordées aux veuves, 248; rapport militaire du 10 avril, 248; Avis aux personnes qui ont fabriqué des munitions de guerre, 251; Formation d'une commission d'enquête par arrt pour l'application du décret concernant les pensions, 251, 254; Avis du directeur des domaines, 252; Avis aux négociants, 252, 253; Avis de la direction des contributions indirectes. 253; Arrêté relatif au prix des passe ports, 254; rapports militaires des 11 et 12 avril, 255; Institution des conseils de guerre, 256; Le délégué du comité central Lacord aux citoyens du VIe arrt, 260; Rapport militaire du 12 avril, 261; Emploi des isolés aux réparations de l'enceinte, 261; rapport militaire du 12 avril, 262; Avis du délégué à la guerre relatif à l'emploi des chevaux, 263; Le citoyen Courbet est chargé de rétablir les musées dans leur état normal, 265; Construction des barricades, arrêté de la commission. 266, 267; Avis aux marchands regrattiers d'articles divers, 268; Rapport militaire du 13 avril, 269; Avis du chirurgien principal de la garde nationale, 270; Rapport militaire du 13 avril, 270; Formation de compagnies d'ambulances, 274; Le citoyen Gaillard père est autorisé à faire les barricades dans le XXe et le 1er arrt, 278; Proclamation de Gaillard père, 278; rapport militaire du 14 avril, 282; Fédération des artistes de Paris, 285; Rapport militaire du 15 avril, 288; Ordre relatif aux cavaliers, 288; Décret relatif aux arrestations, 290; Avis du délégué à la guerre concernant les réquisitions, 294; Rapport militaire du 16 avril, 297; Restitution des armes au mairies, 297; Formation de la cour martiale, 298; Ouverture des parcs et jardins publics, 299; Avis relatif aux barricades, 299; Séance d'ouverture de la cour martiale, 300; Rapport militaire du 17 avril, 301; Avis relatif aux bruits alarmants sur l'investissement de Paris, 302; Avis concernant les arrestations arbitraires, 303; Réorganisation de l'Ecole de médecine, 304; Les chassepots des gardes sédentaires seront échangés contre les fusils inférieurs des compagnie de guerre, 306; Cour martiale. Loi réglant la procédure et les peines, 307; Les 3e, 4e, 7e et 8e compagnies du génie sont licenciées et seront réorganisées, 308; La solde des blessés sera payée aux femmes, 308; Commission des barricades; proclamation de Gaillard père, 310.

L'impôt du timbre est aboli sur les journaux ou autres publications, 311; Avis concernant les halles et marchés, 311; Déclaration de la Commune au peuple de Paris, 314, 315; Rapports militaires du 19 avril, 316; Avis aux fournisseurs de l'armée, 316; Mise en vente des matériaux composant la colonne Vendôme, 317; Rapport militaire du 19 avril, 318; Avis aux ouvriers qui désirent travailler aux travaux du génie, 318; Rapport militaire du 20 avril, 320; Suppression du travail de nuit pour les ouvriers boulangers, 320; Ordre relatif aux magasins du génie, 322 ; Rapport militaire du 21 avril, 323; Vente à la manufacture des tabacs de différents objets hors de service, 324; Appel aux artificiers, 325 ; Avis aux négociants, 326 ; Le délégué à la guerre autorise une suspension d'armes à Neuilly, 328; LesAlsaciens-Lorrains ne pourront être contraints au service de la garde nationale, 353; Avis de la délégation scientifique aux détenteurs de pétrole, chimistes, fabricants d'armes, etc., 354 ; Avis de la délégation à l'enseignement, 334 ; Vente des baraquements des Tuileries et des boulevards extérieurs, 336 ; Suppression des factionnaires dans les jardins publics, etc., 336 ; Avis de l'inspection générale des ambulances, 359 ; Conditions de la suspension d'armes de Neuilly, 345, 346 ; Proclamation au peuple relativement à la suspension d'armes de Neuilly, 346; Service des concessions et voitures, perceptions, 347 ; Sortie des marchandises de transit, 347 ; Réorganisation du service de la vérification des poids et mesures, 349 ; Dernier avis de la direction des contributions indirectes, 350 ; Lettre du directeur des domaines au directeur général des ambulances, 350; Avis du délégué à la guerre sur les marchés passés irrégulièrement, 351 ; Déclaration du délégué aux postes, 353; Arrêté du délégué aux finances relatif au transport des lettres, 355 ; Les portes seront ouvertes de 5 heures du matin à 7 heures du soir, 359; Les marchands de vin habitant Levallois, Clichy et Saint-Ouen fermeront leurs établissements à 2 heures, 360; La pêche à la ligne est interdite, 362 ; Rapport militaire du 27 avril, 363; Le travail dans les boulangeries ne pourra commencer avant 5 heures du matin, 363 ; Aucune administration ne pourra infliger d'amendes ou retenues à ses employés, 365 ; Rapport militaire du 28 avril, 376; Le travail de nuit est interdit dans les boulangeries à partir du 3 mai, 376 ; Proclamation relative à l'assassinat de 4 prisonniers, 387 ; Le citoyen Rossel est chargé des fonctions de délégué à la guerre, 393 ; Rossel accuse réception de l'ordre qui le charge de ces fonctions, 394 ; Sommation au colonel d'état-major Leperche au commandant du fort d'Issy, 398 ; Réponse du délégué à la guerre Rossel, 398 ; Ordre relatif aux communications avec l'ennemi, 402 , Le général commandant les forces d'Asnières aux habitants des communes environnantes, 406 ; Avis du directeur général de l'assistance publique, 407 ; Arrêté concernant le contrôle des chemins de fer et la commission des subsistances, 415 ; Arrêté relatif au travail de nuit des boulangers, 415 ; Vente des baraquements des Tuileries, 419; Il est défendu de laisser sortir des chevaux de Paris, 419; Avis relatif à la location des magasins d'entrepôt, 420 ; Ordre concernant le service de l'octroi, 421 ; La délégation à la guerre comprendra deux divisions : la direction militaire, l'administration, 423; Le citoyen Gaillard père est chargé de la construction des barricades, 423 ; Arrêté concernant les halles et marchés, 424 ; Arrêté concernant la vente de la viande de boucherie. 424; Avis aux ouvriers de l'imprimerie nationale, 425 ; Avis d'un groupe de gardes nationaux, 426 ; Le comité de salut public fait connaître la circulaire du général Valentin relative aux convois de vivres dirigés sur Paris, 428; Arrêté concernant la destruction de la chapelle expiatoire de Louis XVI, 429; Ordre relatif aux cartes rouges délivrées par la fédération artistique, 431 ; Encaissement des annuités des brevets d'invention, 432 ; Le bureau de

dépôt des brevets d'invention est transféré rue Saint-Dominique-Saint-Germain, 432 ; Proclamation des membres de la commission pour l'organisation de l'enseignement, 458 ; Ouverture de la bibliothèque Mazarine, 438 , Avis de l'administration des postes, 439 ; Avis aux réfugiés des départements et de la banlieue, 439 ; Manifeste du comité central de l'union des femmes, 440 ; Le comité central ne peut nommer à aucun emploi, 450 ; Avis du délégué au muséum d'histoire naturelle, 451 ; Taxe du pain, 452 ; Proclamation du comité central en recevant l'administration de la guerre, 455 ; Proclamation du délégué à la guerre relative à la cessation du feu, 456 ; Le drapeau tricolore flotte sur le fort d'Issy, 459 ; Ordre au général Brunel, 459; Ordre relatif aux galons des officiers, 460 ; Paiement des annuités pour les brevets d'invention, 460 ; Mesures prises pour l'exécution du décret relatif au Mont-de-Piété, 461 ; Avis aux maires des communes abandonnées par suite du bombardement, 463 ; Décisions prises par la Commune dans sa séance du 9 mai, 464 ; Le citoyen Delescluze est nommé délégué civil à la guerre, 466 ; Le citoyen Rossel est renvoyé devant la cour martiale, 466 ; Proclamation de Delescluze à la garde nationale, 468 ; Les biens de Thiers seront saisis, la maison de Thiers place Georges sera rasée, 471 ; Commission des subsistances : Service des livraisons aux arr¹ˢ, 473 ; Taxe de la viande de boucherie pour les boucheries municipales, 474 ; Avis du délégué aux finances relatif aux articles à délivrer gratuitement par le mont-de-piété, 479 ; Rapport militaire du 11 mai, 480 ; Avis du délégué au télégraphe relatif aux demandes d'emploi, 482 ; Avis-ordre de la direction de l'enregistrement et du timbre aux marchands de tabac, 484 ; Avis concernant la livraison des munitions. 484 ; Proclamation au peuple de Paris, 485 ; Création d'une école professionnelle d'art industriel pour jeunes filles, 486 ; Avis du délégué aux relations extérieures relativement à l'adhésion de la Commune à la convention de Genève, 486 ; Vente de charbon de terre, 492 ; Vente d'une grande quantité d'objets d'équipement, 492 ; Vente d'objets mobiliers, 494 ; Nomination des juges à la cour martiale. 495 ; Avis aux ouvrières travaillant le papier, 497 ; Révision des marchés conclus par la Commune, 497 ; Le prix du Journal officiel est fixé à 5 centimes, 501 ; Avis aux ouvriers terrassiers, 502 ; Le délégué aux relations extérieures aux grandes villes, 503 ; Avis du directeur des abattoirs de la Villette. 506 ; Avis concernant les halles et marchés, 506 ; Décret concernant les marchés passés par la Commune, 507 ; Distribution et vente du linge, des objets d'art et des meubles provenant de la maison Thiers, 508 ; Appel du comité de salut public aux terrassiers, charpentiers, etc., 510 ; Déclaration du pétrole, 511 ; Ouverture de la bibliothèque du muséum d'histoire naturelle, 512 ; Avis de la direction du génie, 512 ; Tirage des articles délivrés par le mont-de-piété, 525 ; Ouverture des galeries du muséum, 523 ; Proclamation du comité de salut public relative à l'explosion de la cartoucherie de l'avenue Rapp, 524 ; Proclamation du comité de salut public, 527 ; Ordre du comité de salut public aux officiers, 501 ; Arrêté relatif aux maîtres d'hôtel, 530 ; Convocation des entrepreneurs de terrassement, maçonnerie, etc., 532 ; 2ᵉ rapport sur la recherche des crimes commis à l'église Saint-Laurent, 554, 555; Administration de la guerre, 536 ; Proclamation du comité central relative aux bruits de dissidence entre la Commune et le comité, 537; Rapports militaires du 18 mai, 558; Rapport du délégue civil à la guerre au comité de salut public sur l'explosion de la cartoucherie, 539; Décret concernant les victimes de l'explosion, 545; Avis du directeur des monnaies, 543; Avis de l'inspection générale des ambulances civiles et militaires, 544; Avis du comité central aux dépositaires de troncs pour les secours aux blessés, 545; Vente d'objets mobiliers provenant de la fourrière de Paris, 549; Tirage au sort des objets engagés au mont-de-piété, 549; Transformation en marché du terrain vague de la rue Monge, 551; Ordre du comité de salut public, 551; Ordre du comité central aux conseils de légion, 552; Avis de la délégation à l'enseignement, 555; Cimetieres : reprise des terrains, 554, 555; Assassinat de 17 gardes nationaux, 557; Proclamation au peuple de Paris, aux gardes nationaux, 558; Vente de 10,670 kil. de papiers, 560; Aux barricades! l'ennemi est dans nos murs, 560; Le comité de salut public aux soldats de l'armée de Versailles, 561; Le comité de salut public aux chefs de barricades, 562; Ordre aux ingénieurs et aux capitaines adjudants-majors, 56 ?; Proclamation du comité de salut public au peuple de Paris, 563; Avis du directeur des abattoirs de la Villette. 564; Le comité central aux soldats de l'armée de Versailles, 567; Le peuple de Paris aux soldats de Versailles, 568; Ordre du comité de salut public, 570; Proclamation du comité central, 571; Ordre de la commission de la guerre, 575; Le comité de salut public aux citoyens du XX° arr', 576.

FIN DE LA TABLE

DES

AFFICHES DE LA COMMUNE.

Paris. — Imp. Moderne, Barthier, d', rue J.-J.-Rousseau, 61.